AWAKENING EXER

For students of the

FOURTH WAY

Especially tailored for the Teachings of:

GURDJIEFF & OUSPENSKY

By: Miguel Ángel Sosa Cravioto
Psychologist

¡¡EJERCICIOS DESPERTADORES!!

Para estudiantes del

CUARTO CAMINO

Pensados para las Enseñanzas de:

GURDJIEFF Y OUSPENSKY

Por: Miguel Angel Sosa Cravioto
Psicólogo

Awakening Exercises
For Students of the Fourth Way,
especially tailored for the teachings
of Gurdjieff and Ouspensky
1st Edition

Published by GL Design, Boulder, Colorado. USA

Library of Congress Control Number: 2007935755
ISBN: 1-933983-05-1
ISBN13: 978-1-933983-05-9

INDEX
ÍNDICE

FOREWORD
PREFACIO

This is to introduce the first series of Awakening Exercises as interpreted from the writings of G.I. Gurdjieff and P.D. Ouspensky. These exercises have been used for many years by the Fourth Way group, meeting in Puerto Vallarta, Jalisco, Mexico:

The Institute for the Harmonious Development of Human Being,

Esto se ha escrito para introducir la primera serie de Ejercicios Despertadores interpretados desde los escritos de G. I. Gurdjieff y P.D. Ouspensky. Estos ejercicios han sido usados por muchos años en el grupo del Cuarto Camino que se reúne en Puerto Vallarta, Jalisco, México:

El Instituto para el Desarrollo Armónico del Ser Humano, A.C.

These exercises have been shared and practiced verbatim since I have been leading groups in Puerto Vallarta, Mexico in 1990, when one of the first Fourth Way groups was formed.

Estos ejercicios han sido compartidos y practicados palabra por palabra, desde que he estado dirigiendo grupos en Puerto Vallarta, México en 1990, cuando uno de los primeros grupos del Cuarto Camino se formó.

In 1962 my parents were two of the founders of one of the first Fourth Way groups in Mexico and I as a child, I remember observing along with other children, the adults as they performed The Movements, the Readings, Tasks and Chores.

En 1962 mis padres fueron dos de los fundadores de uno de los primeros grupos del Cuarto Camino en México y yo como niño, recuerdo estar observando junto con otros niños, a los adultos ejecutar Los Movimientos, las Lecturas, los diferentes ejercicios y sus quehaceres.

I recall a few of us children entertaining the other children, pretending to be adults. We felt inspired to mimic the adults and their movements, as they focused on following the information and instructions from their leaders. The adults soon referred to our group of mimicking children as the "Rascals."

Recuerdo que éramos unos cuantos niños entreteniendo a otros niños, pretendiendo ser adultos. Nos sentíamos inspirados imitando a los adultos en sus Movimientos, al enfocarse en seguir la información e instrucciones de sus líderes. Los adultos muy pronto se referían a nuestro grupo de niños imitadores como "Los Pillos".

At that age everything is a game, a challenge, an opportunity to have fun. And, perhaps that is the part needed to restore our present way of practicing The Work.* I still remember having breakfast, trying to keep my fingers in an odd fashion, without being noticed by the adults in charge. I found it challenging and exciting.

A esa edad todo es un juego, un reto y una oportunidad para divertirse. Y tal vez, esa es la parte que necesitamos recobrar en nuestra forma actual de practicar el Trabajo*. Todavía recuerdo el intento de mantener mis dedos en una posición rara durante el desayuno, sin ser notados por los niñeros. Me parecía excitante y desafiante.

The adults in charge of the children would say: "don't do anything unless you know why you are doing it." The joke was on them . . . we were doing it to aggravate them!

Los niñeros usualmente mencionarían algo como: "¡no hagas nada a menos que sepas por qué lo estás haciendo!"... Pero, la broma era sobre ellos... ¡nosotros lo hacíamos para exasperarlos!

Firstly: It was for pure fun. We found the adults to be too somber and we were trying to have fun with their "serious" posturing. Later, we learned that we were dealing with their "Work Faces* or Self-Remembering * Face."

Primero: Todo era para divertirnos. Nosotros observábamos que los adultos se mostraban muy serios y nosotros estábamos tratando de divertirnos con sus "poses serias". Después aprendimos acerca de "Las Caras de Trabajo* o de Recuerdo de Sí*".

Secondly: It was to keep the days from being "boring" and to make them more "alive." It was our way of "wanting" to come to the next "Intensive Weekend Period" without feeling forced by our parents to go.

Segundo: Lo hacíamos para no "aburrirnos" y para hacer los días más "vivos". Era nuestra manera de "querer" venir al siguiente "Período Intensivo de fin de semana" sin sentirnos forzados por nuestros padres.

Thirdly: With this in mind, we would be a "step ahead" of them. We would win the Power Game. We were no longer positioned to hear the adults say, "you must come with us and behave properly."

Tercero: Con esto en mente, estaríamos "un paso adelante" de ellos. Ganaríamos el Juego de Poder. Ya no estaríamos en la posición de escuchar a los adultos decir "deben venir con nosotros y portarse bien".

Fourthly: This gave us a kind of "secret code," feeling that they would not notice that "we knew more than they knew."

Cuarto: Esto nos dio una cierta clase de "código secreto", haciéndonos sentir que ellos no notarían que "nosotros sabíamos más que ellos".

Lastly: We children knew that the adults had their small group "private meetings" to share information gathered during their Tasks*. So, we too had our "secret" meetings. Generally, I and two or three other members of the "Rascals" would meet to plan the next move of our little rebellion.

Finalmente: Los niños sabíamos que los adultos tenían sus "reuniones privadas", para compartir la información que habían reunido con sus ejercicios*. Así que, nosotros también teníamos nuestras reuniones "secretas". Generalmente nos reuníamos dos o tres miembros de los "Pilluelos" para planear el siguiente movimiento de nuestra pequeña rebelión.

Once, we heard that the adults planned to "use" us as reminders* in one of their exercises. Given our age, we did not understand what that meant. We were shocked to think that we were to be "used" by the adults in order to not become identified.

Una vez escuchamos que nos iban a "usar" como despertadores* en uno de sus ejercicios. Dada nuestra edad, no comprendimos lo que eso significaba. Nos sorprendió pensar que íbamos a ser "usados" por los adultos para no identificarse.

We leaders of the "Rascal" rebellion came up with a plan and directed all of the children to stick to our plan for the entire day. In all conversations with the adults the children were to ask for the adult's ID. They immediately responded with their names, and they were identified*. We spoiled their Task for the day while we were victorious in ours.

Así que… como líderes de la rebelión de los "Pillos", urdimos un plan y dirigimos al resto de los niños para que se apegaran a nuestro plan por todo el día. En todas las conversaciones con los adultos, los niños íbamos a preguntarles su identidad. Ellos responderían inmediatamente con sus nombres, y ellos se identificarían. Nosotros arruinaríamos su tarea por todo el día y nosotros tendríamos la victoria.

Over the years the members of the Rascals have had many occasions to get together to remember those early days and our misunderstandings of the Fourth Way terminologies. Looking back, we've concluded that the blessing of not knowing provided the Rascals with great fun and adventure.

Con los años, los miembros de los Pillos hemos tenido muchas ocasiones para reunirnos a recordar esos días y nuestras malas interpretaciones de la terminología del Cuarto Camino. Mirando en retrospectiva hemos concluido que la bendición de no saber nos dio grandes alegrías y aventuras.

As a result of these childhood experiences, we learned the terminology, the buzz words, but without the ability to connect the pieces of the puzzle to truly understand. More specifically, we have too much information for our formatory apparatus* to properly handle. I have written this book as another tool to help us to bridge the gap between having information and the possibility for real understanding.

Como resultado de estas experiencias infantiles, aprendimos la terminología, los clichés, pero sin la habilidad para conectar las piezas del rompecabezas y comprender realmente. Más específicamente, tenemos demasiada información para que nuestro aparato formatorio* la maneje apropiadamente. He escrito este libro como otra herramienta, para ayudarnos a puentear el hueco entre tener información y la posibilidad de comprensión real.

So, if my efforts provide new understandings, wonderful. If the AWAKENING EXERCISES* helps one to develop Self-Observation, fantastic! With practice and time, it is my hope that this book will lead you to the first stages of your Real Awakening* and in due time, to the possibility to remain in that state!

Así que. Si mis esfuerzos proveen nuevas comprensiones, ¡maravilloso! Si los EJERCICIOS DESPERTADORES* nos ayudan a desarrollar la Auto-Observación ¡Fantástico! Con tiempo y práctica, tengo esperanzas de que este libro te conducirá a las primeras etapas de tu Despertar Real* y a su tiempo, a la posibilidad de ¡permanecer en ese estado!

AWAKENING EXERCISES
EJERCICIOS DESPERTADORES

INTRODUCTION:
INTRODUCCIÓN:

The first intention of the awakening exercise is to capture one's attention, secondly to promote self-observation, and thirdly to access one's Higher Centers. The intended results are the feeding of the Higher Mental* and Higher Emotional* Centers, leading to more "resilient" Astral and Mental bodies. Gurdjieff referred to this energy or food as Handbledzoin.*

La primera intención de un ejercicio despertador es capturar nuestra atención; en segundo lugar promover la auto-observación y en tercer lugar acceder a nuestros Centros Superiores. Los resultados intentados son el alimentar los Centros Emocional Superior* y Mental Superior*, lo que conduce a los cuerpos Astral y Mental que son más "durables". Gurdjieff se refirió a esta energía o alimento como Handbledzoin.*

On page 90 in his book, "Views from the Real World," Gurdjieff suggests that the process starts with the realization that..."there is no attention in people." He further suggests "Self-observation is only possible after one acquires attention," and we have found this is only possible through the awakening process.

En la página 81 de su libro, "Perspectivas desde el Mundo Real" Gurdjieff sugiere que el proceso comienza cuando nos damos cuenta que… "No hay atención en la gente". Más adelante sugiere que "La Auto-observación de sí solo es posible después de adquirir atención," y nosotros hemos encontrado que esto sólo es posible a través del proceso de despertar.

By now, I imagine you are saying to yourself, "I'm certainly awake with full attention. Otherwise, I wouldn't be reading this book, pursuing the information."

Para este momento, me imagino que te estas diciendo a ti mismo: "Yo sí estoy despierto y con toda mi atención; ya que de otra manera no estaría leyendo este libro, buscando información."

But that statement would come strictly from first level attention, found at the surface of living. This first level of attention is triggered by "instinctive" reflexes, in a very mechanical and automatic fashion. In the Fourth Way, the requirements of attention, resulting in "conscious living," goes much deeper than the superficial surface of living.

Pero esa afirmación vendría estrictamente del primer nivel de atención, encontrada en la superficie de la vida. Este nivel de atención es disparada por reflejos "instintivos", en una manera mecánica y automática. En el Cuarto Camino, las necesidades de atención, resultan del "Vivir Conscientemente", y son más profundas que las de la vida superficial.

Throughout this book, we will be discussing the different body centers found at the core of our being and we will notice they use different attentions. We will venture far beyond the first level of attention, which is merely a natural observance found at the surface of living. Remember that the first level of attention was granted each of us at birth, and is quite automatic in nature.

A lo largo de este libro, estaremos discutiendo los diferentes centros del cuerpo, encontrados en el núcleo de nuestro ser y notaremos que usan diferentes atenciones. Nos aventuraremos más allá del primer nivel de atención, que es solamente una observación natural encontrada en la superficie del vivir. Recuerda que el primer nivel de atención nos fue dado al nacer y que es de naturaleza automática.

The second level of attention is that derived through "mind," meaning mental thoughts. This level of attention has to do with associations, imagination, memories and the like.

El segundo nivel de atención es el que viene de la "mente", es decir, de los pensamientos. Este nivel de atención tiene que ver con las asociaciones, la imaginación los recuerdos y similares.

Occasionally we notice this "second level attention" drifts into day dreaming. Our "minds" wander to the point of "being somewhere else" in our thoughts. Suddenly realizing this, we often shake our heads a bit, in an effort to return to the present moment.

Ocasionalmente notamos que este "segundo nivel de atención" se va a la deriva en sueños diurnos. Nuestras "mentes" vagan hasta el punto de "estar en alguna otra parte" con nuestros pensamientos. De repente, al darnos cuenta de esto, frecuentemente sacudimos nuestra cabeza un poco, en un esfuerzo por regresar al momento presente.

This raises the question: What is it in us that realizes our "mind" is wandering, and initiates our return to the present moment? Answer: It is another attention that springs from our "third level of attention," wherein lies our capability of "impartial self-observation." It is an unbiased monitoring of the two previous levels, those of "body" and "mind."

Esto plantea la pregunta: ¿Qué es eso en nosotros que se da cuenta que nuestra "mente" está vagando e inicia nuestro retorno al momento presente? Respuesta: Es otra atención que surge de nuestro "tercer nivel de atención", en donde yace nuestra capacidad de "observación imparcial". Es un monitoreo sin prejuicios, de los dos niveles previos, los del "cuerpo" y la "mente".

This is why Gurdjieff emphasizes the importance of developing our "third level of attention." It is the "anchor" that could keep our lives from "drifting."

Este es el porqué Gurdjieff enfatiza la importancia de desarrollar nuestro "tercer nivel de atención". Es la "ancla" que sostiene nuestras vidas sin irse "a la deriva".

The first action to be taken is to connect as much as possible with our third level of attention. "Where am I at this present moment?" is the question we need to ask ourselves repeatedly. Doing so "pulls" our second level "Mind" back to the present moment. By comparison, ask yourself, "Where was I just before returning to this present moment?" This helps us learn from our diversions from the "present moment attention," and be less apt to drift from our "third level attention."

La primera acción a tomar es conectarnos tanto como sea posible con nuestro tercer nivel de atención. "¿En dónde estoy en este momento?" es la pregunta que necesitamos hacernos repetidamente. Al hacerlo "atraemos" nuestro segundo nivel de atención "la mente", de regreso a este momento presente. En comparación, pregúntate: "¿En dónde estaba justo antes de regresar al momento presente?" Esto nos ayuda a aprender de nuestras distracciones de la "atención del momento de presente", y a estar menos tendientes a ir a la deriva, fuera de nuestro "tercer nivel de atención".

Done correctly, you may often experience a calming silence that permeates your entire being. Your total Presence becomes quiet in an altered state of consciousness, creating unforgettable impressions in this "magnetic center moment.*" Ideally, one can revel in the present moment, letting its impact accumulate. This is an example of Real Doing* in life.

Hecho de la manera correcta, podrías experimentar frecuentemente un silencio calmante que impregna tu ser entero. Tu Presencia total se vuelve serena en un estado alterado de conciencia, creando impresiones inolvidables en este "momento de centro magnético*". Idealmente, uno puede disfrutar en el momento presente, permitiendo que su impacto se acumule. Este es un ejemplo de Hacer Real* en la vida.

*Self-observation is the **action** that brings one's Attention* to the body (as the starting point), without trying to change anything being observed.*

La Auto-Observación es la **acción** que trae a nuestra Atención* al cuerpo (como comienzo), sin tratar de cambiar nada de lo observado.

The next subject for observation will be the reactions of the machine to the circumstances... external and internal. The way it handles its feelings, its thought pattern, etc.

El siguiente tema de la observación serán las reacciones de la máquina a las circunstancias... externas e internas. La forma en que maneja sus sentimientos, sus patrones de pensamientos, etc.

From the writings of Werner Karl Heisenberg (1901-1976) in the "Uncertainty Principle," it is implied that through observation, the subject of the observation can often be affected in some way, if not altogether changed or transformed. With this in mind, imagine the possibilities for transforming one's self through Self-observation!

De los escritos de Werner Kart Heisenberg (1901-1976) en el "Principio de Incertidumbre", deja implícito que a través de la observación, el sujeto de la observación puede ser afectado de alguna manera; si no es que cambiado o transformado. Con esto en mente, ¡imagina las posibilidades de transformación de nuestro ser, a través de la Auto-Observación!

The information that will be presented through this book will refer to seven centers found within the Human Biological Machine. This system of ideas organizes and groups these centers in the categories of Lower and Higher Centers.

La información que presentaremos a través de este libro, se referirá a siete centros encontrados en la Máquina Biológica Humana. Este sistema de ideas organiza y agrupa estos centros en las categorías de Centros Inferiores y Superiores.

The Lower Centers consists of four centers: the Instinctive*, the Moving*, the Emotional* and the Intellectual*. For the most part, the average Human Biological Mechanism functions "unbalanced," as a result of simply relying on one or two of the Lower Centers.

Los Centros Inferiores consisten de cuatro centros: el Instintivo*, el Motor*, el Emocional* y el Intelectual*. En su gran mayoría, el promedio de los Mecanismos Biológicos Humanos funciona "desequilibrado", como resultado de basarse simplemente en uno o dos de los Centros Inferiores.

This lack of balance stems from being too emotional, or too intellectual, or too instinctive, or too frantic in life through one's moving center. Ideally, one can bring these four centers into balance, assigning their usage more evenly. This is one of the byproducts of the Awakening Process. *

Esta falta de equilibrio parte de ser demasiado emocional, o demasiado intelectual, o demasiado instintivo, o demasiado frenético en la vida a través de nuestro centro motor. Idealmente, uno puede equilibrar estos cuatro centros, asignándoles un uso más balanceado. Esto es algo que se adquiere por añadidura en el Proceso del Despertar*.

There is a self-observation exercise you are encouraged to practice which relates to these Centers. Its importance becomes more self-evident as you realize these Centers influence and impact on your Human Biological Machine.

Hay un ejercicio de auto-observación que se te anima a practicar y que se relaciona con estos Centros. Su importancia se vuelve más auto-evidente conforme te das cuenta de que estos Centros influyen e impactan a tu Máquina Biológica Humana.

EXERCISE: For one week, take note of your feelings, thoughts, sensation, etc., that affects each day's pleasures and displeasures, ease and disease. Each night, commit these observations to note paper. In an effort to be an impartial self-observer, be careful to not try to evaluate or analyze your observations. A good quote to remember comes from Krishnamurti, who wrote that "analysis is paralysis."

EJERCICIO: Durante una semana, toma nota de los sentimientos, pensamientos, sensaciones, etc., que afectan cada placer o displacer de cada día; cada comodidad e incomodidad. Cada noche, escribe tus observaciones. En un esfuerzo por ser un auto-observador imparcial, ten cuidado de no tratar de evaluar o analizar tus observaciones. Una buena cita para recordar viene de Krishnamurti, quien escribió que: "análisis es parálisis".

As an added thought, you might want to start a "SELF-OBSERVATION NOTEBOOK." Over time, it is both fun and beneficial to look back and review your development.

Como un pensamiento adicional, podrías querer comenzar una "LIBRETA DE AUTO-OBSERVACIÓN". Con el tiempo, es tanto divertido como benéfico el mirar en retrospectiva y revisar tu desarrollo.

Additionally, if you are a part of a group or a School of the Fourth Way, or if you are simply considering starting a Fourth Way reading circle, exercises like the one mentioned above are ideal tools. Within a group our understandings tend to expand faster. A group commitment tends to discipline the individual effort, creating magnetism* and the ability to do.* Be sure to present your aims to the group so that you can use second and third lines of work* in addition to the first line.

Adicionalmente, si eres parte de un grupo o de una Escuela del Cuarto Camino, o si estas simplemente considerando el inicio de un círculo de lectura del Cuarto Camino, ejercicios como el mencionado arriba, son herramientas ideales. Dentro de un grupo nuestras comprensiones tienden a expandirse más rápido. Un compromiso de grupo tiende a disciplinar los esfuerzos individuales, creando magnetismo* y la habilidad para hacer*. Asegúrate de presentar tus metas al grupo, de tal manera que puedas usar las segunda y tercera líneas de trabajo* además de la primera.

First Step

El Primer Paso

0. There is no failure in effort.

The primary source of the following information comes from the Aphorisms* of Mr. Gurdjieff. But first, as a prelude to the Aphorisms, is a saying number zero: "There is no failure in effort."

0. No hay falla en el esfuerzo.

La fuente primaria de la siguiente información viene de los Aforismos* del señor Gurdjieff. Pero primero, como preludio a los Aforismos, está el dicho número cero: "No hay falla en el esfuerzo".

What does this mean? That no matter what effort we make, focused effort can lead progressively towards success, whereas no effort generally leads to stagnancy and decay; we are the "WORK in progress".

¿Qué significa esto? Que sin importar que esfuerzo hagamos, el esfuerzo enfocado puede conducir progresivamente hacia el éxito, mientras que no-esfuerzo generalmente conduce a estancamiento y decadencia; somos "TRABAJO en progreso".

The important ingredient in this saying is focused "effort." Effort gets us moving, which is a success in and of itself, regardless of the outcome.

El ingrediente importante en este dicho es el "esfuerzo" enfocado. El esfuerzo nos mantiene moviéndonos, lo que ya en sí y por sí mismo es un éxito, sin importar el resultado.

Internally resolving any level of conscious effort and action impacts our evolution and is worthy of congratulations. Failure is assured in the paralysis of no effort.

Decidiendo internamente cualquier nivel de esfuerzo o acción consciente, impacta nuestra evolución y es digno de felicitación. El fracaso está asegurado en la parálisis de no hacer ningún esfuerzo.

Therefore, the first resolve is to make conscious efforts. Daring to make even small efforts, puts you in motion rather than staying rooted in your current dilemmas and circumstances. Additionally, being in motion provides the opportunity of reconnecting with the Original Source, the Absolute.

Por lo tanto, la primera resolución es hacer esfuerzos conscientes. Atreverse a hacer incluso pequeños esfuerzos, te pone en movimiento en lugar de estar arraigado en tus circunstancias y dilemas corrientes. Adicionalmente, el estar en movimiento provee la oportunidad de reconectarse con la Fuente Original, El Absoluto.

You may be asking what is meant by Original Source. Perhaps you are confused as to why such importance is placed upon "making efforts" in order to bridge our path back to The Absolute.

Podrías preguntarte qué significa la Fuente Original. Tal vez estas confundido en el por qué se pone tal importancia en el "hacer esfuerzos" para tender un puente en nuestro camino de regreso al Absoluto.

First, we need to recognize that our formatory* mind, no matter how it was filled with information, is our usual method of understanding and communicating with one another. That is why I am able to write this book and you are able to read it.

Primero, necesitamos reconocer que nuestra mente formatoria*, sin importar cómo fue llenada de información, es nuestro método usual de entendimiento y de comunicación entre nosotros. Ese es el por qué soy capaz de escribir este libro y el por qué tú eres capaz de leerlo.

As in planning a trip or a vacation, we first need to focus on where we want to be. So too, we need to set destinations and objectives for our life's journey. As with vacations, our life's path must have focused efforts to arrive at our destinations. With no effort, we are assured never to arrive.

Como cuando planeamos un viaje o unas vacaciones, necesitamos primero enfocarnos en dónde queremos estar. Así que también, necesitamos establecer nuestro destino y objetivos para nuestro viaje en la vida. Como con nuestras vacaciones, nuestro sendero en la vida debe tener esfuerzos enfocados para llegar a nuestro destino. Sin esfuerzo, tendremos la seguridad de nunca llegar.

I feel it safe to say that for "some men", after having their First Obligolnian Striving* satisfied, meaning shelter concerns, a full stomach and perhaps fulfilled sexual urges, it is then that they move to considering "life's meanings" and why the circumstances of their lives are as they are.

Me siento seguro de decir que para "algunos hombres", después de tener su Primer Esfuerzo Obligolniano* satisfecho, es decir, los asuntos de cobijo, un estómago lleno y tal vez satisfechos sus impulsos sexuales, es entonces que se mueven a considerar "el sentido de la vida" y el por qué son como son las circunstancias de su vida.

Among those who arrive at this pondering, some persist long enough to come to conclusions and deeper understandings about their lives and their circumstances.

Dentro de los que llegaron a este cuestionamiento, algunos persistieron lo suficiente como para llegar a conclusiones y a comprensiones más profundas acerca de su vida y de sus circunstancias.

Among the general questions that prompt the process are: Who am I? Where did I come from? What is it that I should be doing and, why must I?

Dentro de las cuestiones generales que surgen del proceso están: ¿Quién soy? ¿De dónde vengo? ¿Qué es lo que debería estar haciendo? Y si es así, ¿por qué debería hacerlo?

And even… why do I feel the urge to ask these questions?

E incluso… ¿Por qué necesito proponer tales cuestionamientos?

It is with these questions in mind that I write this book. So, if your interests lie elsewhere, lay this book aside and have a glass of wine or a couple of beers. I suggest this "tongue in cheek," but it is known that a bit of alcohol helps to overcome the barriers of mechanical associations that are rooted in our formatory lives.

Es con estos cuestionamientos en mente, que escribí este libro. Así que, si tus intereses están en otra parte, deja este libro de lado y tómate un vaso de vino o un par de cerveza. Sugiero esto "en son de burla", pero es sabido que un poquito de alcohol ayuda a sobreponerse a las barreras de las asociaciones mecánicas que están arraigadas en nuestras vidas formatorias.

In searching of answers to these questions, some men have dared to make their proposed answers public, over time providing society with countless books containing an amazing variety of propositions.

Al buscar las respuestas a estas cuestiones, algunos hombres, con el paso del tiempo, se han atrevido a hacer sus proposiciones públicas, proveyendo a nuestra sociedad con innumerables libros que contienen una asombrosa variedad de proposiciones.

But, each proposition leads to still more questions. Not the least being, why do these writers feel compelled to ponder such questions and promote such propositions?

Pero, cada proposición conduce todavía a más cuestiones. Sin que la última sea: ¿Por qué estos escritores se sienten impulsados a hacerse tales preguntas y a hacer tales proposiciones?

Again, this question leads to other propositions. It is like constantly unfolding a piece of paper.

Let's create an example together:

Otra vez, esta cuestión conduce a otras proposiciones. Es como desenvolver constantemente un pedazo de papel.

Vamos a crear un ejemplo:

Ponder your life from the perspective of self awareness. Consider those moments when you have felt that you have done everything necessary to achieve your personal desire, whether it is for money, love, shelter, or food, and yet still your desire seems way off on the horizon. Or, consider a broader spectrum of your life, perhaps your search for a "comfort zone," where your life is easily managed and enjoyed.

Considera tu vida desde la perspectiva de la auto-conciencia. Piensa en esos momentos en los que sentiste que habías hecho todo lo necesario por lograr tus deseos personales, ya sea por dinero, amor, techo o comida, y que sin embargo tus deseos parecían lejos en el horizonte. O, considera un espectro más amplio de tu vida, tal vez tu búsqueda de una "zona de confort", en donde la vida fuera manejada con facilidad y fuera placentera.

Yet, once again, you find yourself in the Friday evening traffic, after a long week at work, wondering how your dreams and aspirations continue to elude you. You continually question what more you can do? ... Where am I heading? ...

Sin embargo, otra vez, te encuentras en el tráfico del viernes por la tarde, después de una larga semana de trabajo, preguntándote cómo es que tus sueños y aspiraciones continúan eludiéndote. Continuamente te cuestionas ¿qué más puedo hacer? ... ¿Hacia dónde me dirijo?

... The ultimate answer is to "death!"

... la última respuesta es... ¡a la muerte!

...and then what? ... is that all?...

... ¿y entonces qué?... ¿eso es todo?...

See how answers beget questions, followed by answers and more questions? In the case of death, it is the world's religions that continue the cycle of questions and answers from their individual points of view.

¿Ves cómo las respuestas producen preguntas, seguidas de respuestas y más preguntas? En el caso de la muerte, es el mundo de las religiones el que continúa el ciclo de preguntas y respuestas desde sus puntos de vista individuales.

Undoubtedly you have pondered the question of what, if anything, awaits us after death. Have you formulated an answer? Does your answer come from philosophy or from a particular religion? Is your answer as simplistic as a fairy tale or as complex as a Physic Quantum hypothesis?

Sin lugar a dudas te has hecho la pregunta de ¿qué es lo que nos espera después de la muerte? ¿Has formulado una respuesta? ¿Tu respuesta viene de la filosofía o de alguna religión en particular? ¿Tu respuesta es tan simple como un cuento de hadas o tan compleja como una hipótesis de Física Cuántica?

Perhaps the broadest of questions has to do with why we feel the need for this cycle of questions and answers, questions and answers?

Tal vez la más amplia de las preguntas tiene que ver con el ¿por qué sentimos la necesidad de este ciclo de preguntas, respuestas y más preguntas y más respuestas?

The answer lies in our quest for meaning and direction in life, which influences our thoughts and actions.

La respuesta yace en nuestra búsqueda de significado y dirección en nuestra vida, lo que influye en nuestros pensamientos y acciones.

If you knew, having a diagnosed terminal illness that you were about to die, "what's next?" would more than likely dominate your thoughts. Things like "is it all over when you're gone?" . . . if so, did your life have impact? Not just to your surroundings, not just to your family and friends, but to you?

Si supieras que estás a punto de morir, habiéndote diagnosticado una enfermedad Terminal, lo que dominaría tus pensamientos sería seguramente, "¿qué sigue?" "¿todo termina cuando uno se va?"… y si es así, ¿tendría tu vida algún impacto? ¿No solo tu medio circundante, no solo tu familia y amigos, sino tú mismo?

Propositions are starting points for focused aim, providing direction in our life. Additionally, propositions enliven life!!!

Las proposiciones son puntos de comienzo para las metas enfocadas, que le dan dirección a nuestra vida. Adicionalmente, ¡¡¡Las Proposiciones revivifican la vida!!!

As students of the Fourth Way, we measure our propositions by those propositions we have accepted from Mr. Gurdjieff's teachings.

Como estudiantes del Cuarto Camino, medimos nuestras proposiciones por aquéllas proposiciones que hemos aceptado de las enseñanzas del señor Gurdjieff.

At our School, we have thoroughly practiced the being-Partkdolg-duty*, in order to unearth the Gurdjieffian dogs buried in his book entitled "All and Everything" also known as "Beelzebub." Over and over, we have found that his propositions always match reality.

En nuestra Escuela, hemos practicado sistemáticamente los Partkdolg-deberes-del-ser*, para desenterrar los perros Gurdjieffianos enterrados en "De Todo y Todas las Cosas" también conocido como "Belcebú". Una y otra vez hemos encontrado que sus proposiciones siempre se ajustan a la realidad.

Therefore, Mr. Gurdjieff's answers to the question "Why are things the way they are?" . . . start appearing in the "Purgatory Chapter" of "All and Everything." The book is presented as a symbolical narrative, in much the same way that various religious writings from around the world are presented. Additionally, in that most religious writings choose to represent the Initiating Force behind creation as having a masculine persona; i.e. God the Father, He blessed, His will, praise Him, etc. Gurdjieff too has chosen to present his allegory in somewhat the same manner using masculine references. In actuality, the Fourth Way teaches that our organic life on Earth is far, far removed from the will of the Initiating Force, and that we are subject only to the results and outcomes of Universal Laws, which are the unchanging unity that underlies all changing appearances and events.

Por lo tanto, las respuestas del señor Gurdjieff a la cuestión: "¿Por qué son las cosas como son?"… empiezan a aparecer en el Capítulo del "Purgatorio"[1] de "De Todo y Todas las Cosas". El libro es presentado como una narrativa simbólica, en gran parte de la misma forma en la que varios escritos religiosos son presentados alrededor del mundo. Adicionalmente, en la mayoría de los escritos religiosos se escoge representar a la Fuerza Iniciadora detrás de la creación como teniendo un persona masculina; es decir, Dios el Padre, el Bienaventurado, Su (de él) Voluntad, Alabado sea, etc. Gurdjieff también a escogido presentar su alegoría de alguna forma en la misma manera, usando referencias masculinas. En realidad, el Cuarto Camino enseña que nuestra vida orgánica sobre la Tierra está muy, muy alejada de la voluntad de la Fuerza Iniciadora, y que estamos sujetos únicamente a los resultados y efectos de las Leyes Universales, que son la unidad inmutable que subyace a todas las apariencias y los eventos cambiantes.

> *"In the beginning, when nothing yet existed and when the whole of our Universe was empty endless space with the presence of only the prime-source cosmic substance 'Etherokrilno,' our present Most Great and Most, Most Holy Sun Absolute existed alone in all this empty space, and it was on this then sole cosmic concentration that our UNIBEING CREATOR with HIS cherubim and seraphim had the place of HIS most glorious Being.*
>
> *Direct Quote*

> "En el comienzo, cuando nada existía todavía y cuando la totalidad de nuestro Universo era un espacio infinito y vacío con solamente la presencia de la sustancia cósmica de la fuente-primaria 'Etherokrilno', nuestro Mas Grandioso y Muy, Muy Sagrado Sol Absoluto existía solo en todo este espacio vacío, y fue en esta concentración cósmica en aquel entonces única, en la que nuestro CREADOR UNI-SER, con SU querubín y SU serafín tenía el lugar de SU más glorioso Ser.
>
> Cita Directa

What is Mr. Gurdjieff hinting here? Perhaps the condition prior to the famous and Scientific Big Bang! He assigns the name 'Etherokrilno' to the first substance from which everything emerged. And then… the appearance of the Holy Sun Absolute, including the three forces represented by our Creator, His Cherubim and His Seraphim.

¿Qué es lo que el señor Gurdjieff está insinuando aquí? Tal vez la condición previa a la famosa y científica ¡Gran Explosión original! Él le está asignando el nombre de 'Etherokrilno' a la primera sustancia de la cual todo emergió. Y entonces… la aparición del Sagrado Sol Absoluto, incluyendo las tres fuerzas representadas por nuestro Creador, Su Querubín y Su Serafín.

> *"It was just during this same period of the flow of time that there came to our CREATOR ALL–MAINTAINER the forced need to create our present existing 'Megalocosmos,' i.e. our World.*
>
> *Direct Quote*

> "Fue justo durante este mismo período del fluir del tiempo en el que vino a nuestro CREADOR SOSTÉN-DEL-TODO la necesidad forzada de crear nuestro actual 'Megalocosmos', es decir, nuestro Mundo.
>
> Cita Directa

And here, as if just casually mentioned, is Mr. Gurdjieff's master stroke: "the forced need to create our present world"!!!

Y aquí está, como si fuera mencionado solo de manera casual… la pincelada maestra del señor Gurdjieff: ¡¡¡"la necesidad forzada de crear nuestro mundo presente"!!!

Up until I read this for the first time, I had no idea that Creation was never, ever intended. In the beginning, the Divine Presence was content as the Holy Sun Absolute. But, as Mr. Gurdjieff demonstrates, the Divine was compelled to initiate Creation.

Hasta que leí esto por primera vez, no tenía idea de que la Creación nunca jamás fue su intención. En el comienzo, la Presencia Divina estaba contenida en el Sagrado Sol Absoluto. Pero, como el señor Gurdjieff lo demuestra, lo Divino fue obligado a iniciar la Creación.

From this perspective, how does being compelled to initiate Creation fit with religious teachings of "being created IN HIS IMAGE?"

Desde esta perspectiva, ¿cómo encaja el ser obligado a iniciar la Creación con las enseñanzas religiosas de "ser creados A SU IMAGEN?"

And WHY? Why would this Divine Absolute, that encompasses everything that IS, create IN HIS IMAGE?

¿Y POR QUÉ? ¿Por qué este Divino Absoluto, que abarca todo lo que ES, crea A SU IMÁGEN?

Maybe… to create HIMSELF again! But in order to create something, it couldn't be "In Himself", but only "in His Image"… so he created an image of Himself and from that… everything could makes sense… doesn't it?

Tal vez… crearse a SI Mismo ¡otra vez! Pero para crear algo no podría se "En Sí Mismo", sino únicamente "en Su Imagen"… así que él creó una imagen de Si Mismo y de allí… todo cobra sentido ¿o no?

To re-Create Himself… to create an Image of Himself… now he needed to include something for that image to exist… and "to exist" means to emerge, to last and to die. So voila! Heropass* results!

Para re-Crearse a Si Mismo… para crear una Imagen de Si Mismo… ahora él necesitaba incluir algo para que esa imagen existiera… y "existir" significa emerger, durar y morir. Así que, ¡voila! ¡Resulta Heropass!*

The entering of Heropass on the scene, gives way for everything to exist… meaning… that without Him… nothing could happen, and in this way, Heropass becomes the co-creator of creation.

La entrada de Heropass en la escena, da paso para que todo exista… es decir… que sin Él… nada podría ocurrir, y de esta manera, Heropass se vuelve el co-creador de la creación.

Considering this, remember that God's image and God's being are two different facets. God's "being" is eternal and almighty, which is hardly applicable to ourselves.

Considerando esto, recuerda que la imagen de Dios y el Ser de Dios son dos facetas diferentes. El "Ser "de Dios es eterno y todo-poderoso, lo que difícilmente es aplicable a nuestro ser.

As a being created in God's image, we exist in time; meaning, we depend on Heropass. And, being created in HIS image, we in turn create our participation and involvement in life. And this involvement fulfills the Creator's need for maintaining the dwelling of His Image.

Como un ser creado a imagen de Dios, existimos en el tiempo; lo que quiere decir que dependemos de Heropass. Y, al ser creados a Su imagen, a nuestra vez creamos nuestra participación e intervención en la vida. Y esta intervención satisface la necesidad del Creador para mantener la morada de Su imagen.

Mr. Gurdjieff's masterpiece continues stating:

La obra maestra del señor Gurdjieff continúa afirmando:

"From the third most sacred canticle of our cherubim and seraphim, we were worthy of learning that our CREATOR OMNIPOTENT once ascertained that this same Sun Absolute, on which HE dwelt with HIS cherubim and seraphim was, although almost imperceptibly yet nevertheless gradually, diminishing in volume.

Direct Quote

"Desde el tercer y muy sagrado cántico de nuestro querubín y serafín fuimos merecedores de saber que nuestro CREADOR OMNIPOTENTE, una vez confirmado que el Sol Absoluto, en el que habitaba con Su querubín y serafín, disminuía de volumen en forma casi imperceptible pero de todas maneras gradualmente.

Here is one of the astonishing understandings of Mr. Gurdjieff's meaning in Beelzebub regarding the "third most sacred canticle…!"

¡Aquí está una de las deslumbrantes comprensiones del Sr. Gurdjieff en Belcebú en relación con el "tercer y muy sagrado cántico!

If we use the musical octave: Do-Re-Mi-Fa-So-La-Ti-Do, the famous "third most sacred canticle" equates to the interval of Mi-Fa. If you have had musical training, you know the first interval to be: Do-Re. The second is: Re-Mi, while the third is: Mi-Fa…

Si usamos la octava musical: Do-Re-Mi-Fa-Sol-La-Si-Do; el famoso "tercer y muy sagrado cántico" corresponde con el intervalo Mi-FA. Si has tenido entrenamiento musical, sabrás que el primer intervalo es: Do-Re y el segundo: Re-Mi, por lo tanto el tercero sería: Mi-Fa…

From the perspective of this understanding and approach to the material, it is possible to find numerous applications for the diatonic musical scale in deciphering Mr. Gurdjieff's writings.

Desde la perspectiva de esta comprensión y aproximación al material, es posible encontrar numerosas aplicaciones para la escala musical diatónica al descifrar los escritos del señor Gurdjieff.

There are abundant applications of the Mi-Fa interval in nature. For instance, why the rain stops a little while after Do-Re-Mi, and exactly in the interval of Mi-Fa? Why human nature (our machine) needs awakening exercises in order to bridge the Mi-Fa interval in our daily tasks? We are, delving deeply into Gurdjieff's writings, and we can find this obligatory interval in the flow of everything.

Hay aplicaciones abundantes del intervalo Mi-Fa en la naturaleza. Por ejemplo, ¿por qué la lluvia se detiene un poco después de Do-Re-Mi, y exactamente en el intervalo Mi-Fa? ¿Por qué la naturaleza humana (nuestra máquina) necesita ejercicios despertadores para brincar el intervalo Mi-Fa en nuestras tareas diarias? Estamos, ahondando profundamente en los escritos de Gurdjieff, y podemos encontrar estos intervalos obligatorios en el flujo de todo.

Mr. Gurdjieff is clearly indicating that even the Creator had the need to do something when reaching this "third sacred canticle".

El señor Gurdjieff está indicando claramente que incluso el Creador tuvo la necesidad de hacer algo al alcanzar este "tercer cántico sagrado".

From Gurdjieff's writings, continuing to refer to the creative force of the Universe in the masculine "HE and HIM," we read:

De los escritos de Gurdjieff, continuando la referencia a la fuerza creativa del Universo en su "Él" masculino, leemos:

"As the fact ascertained by HIM appeared to HIM very serious, HE then decided immediately to review all the laws which maintained the existence of that, then still sole, cosmic concentration.

Direct Quote

"Como el hecho comprobado por Él le pareció muy serio, decidió inmediatamente revisar todas las leyes que mantenían la existencia de esta hasta entonces única concentración cósmica.

Cita Directa

"During this review our OMNIPOTENT CREATOR for the first time made clear that the cause of this gradual diminishing of the volume of the Sun Absolute was merely the Heropass, that is, the flow of Time itself.

Direct Quote

"Durante esta revisión, nuestro CREADOR OMINIPOTENTE, por primera vez puso en claro que la causa de esta disminución gradual del volumen del Sol Absoluto era simplemente Heropass, es decir, el fluir del Tiempo mismo.

Cita Directa

"Thereupon our ENDLESSNESS became thoughtful, for in His Divine deliberations He became clearly aware that if this Heropass should so continue to diminish the volume of the Son Absolute, then sooner or later, it would ultimately bring about the complete destruction of this sole place of His Being."

Direct Quote

"Acto seguido, nuestra INFINITUD se tornó pensativo, pues en Sus deliberaciones Divinas le quedó claro que si este Heropass continuaba disminuyendo el volumen del Sol Absoluto, entonces, tarde o temprano, traería a final de cuentas la destrucción completa de este único lugar de Su Ser.

Cita Directa

How, in the presence of this famous Heropass, can we relate these writings to our own existence? Is Gurdjieff's Beelzebub cautioning us to consider our own possibility of complete destruction?

¿Cómo podemos relacionar estos escritos con nuestra propia existencia, en presencia de este famoso Heropass? ¿Está el Belcebú de Gurdjieff previniéndonos para considerar nuestra posibilidad de destrucción completa?

Of course he is! If we continue being oblivious to the reality of Heropass; if we continue believing we are immortal, we will be dying "like dogs" according to Gurdjieff.

¡Por supuesto que sí! Si continuamos siendo inconscientes de la realidad de Heropass; si continuamos creyendo que somos inmortales, moriremos "como perros", como lo dijo Gurdjieff.

So, what must we do? Well, inferred from Gurdjieff's Beelzebub, we need to remember that if it is true we were created in God's image; then we need to do as God did! To this end, Gurdjieff clearly instructs:

¿Y entonces? ¿Qué debemos hacer? Bueno, infiriendo del Belcebú de Gurdjieff, necesitamos recordar que si es verdad que fuimos creados a imagen de Dios, entonces necesitamos hacerle ¡como Él hizo! Para este fin, Gurdjieff claramente nos instruye:

> *"And so, my boy, in view of this, our ENDLESSNESS was then just compelled to take certain corresponding measures, so that from this Heropass the destruction of our Most, Most Holy Sun Absolute could not eventually occur.*
>
> *Direct Quote*

> "Y así, mi muchacho, en vista de esto, nuestra INFINITUD se vio obligado a tomar ciertas medidas correspondientes, de tal forma que esta destrucción de nuestro Muy, Muy Sagrado Sol Absoluto, provocada por el Heropass, eventualmente no pudiera ocurrir.
>
> Cita Directa

> *"Further, again from the sacred canticle of our cherubim and seraphim, but this time the fifth sacred canticle, we were*

*worthy of learning that after this Divine ascertainment of His, our
ENDLESSNESS devote HIMSELF entirely to finding a possibility
of averting such an inevitable end, which had to occur according to
the lawful commands of the merciless Heropass, and that after His
long Divine deliberations, He decided to create our present existing
'Megalocosmos*.'*

Direct Quote

"Más aún, nuevamente desde el sagrado cántico de nuestro
querubín y serafín, pero en esta ocasión desde el quinto cántico
sagrado, fuimos merecedores de aprender que después de Su
verificación Divina, nuestra INFINITUD se dedicó enteramente a
encontrar la posibilidad de evitar tal fin inevitable, que tenía que
ocurrir de acuerdo con los legítimos mandamientos del inmisericorde
Heropass, y después de Sus largas y Divinas deliberaciones, decidió
crear nuestro actualmente existente 'Megalocosmos*'.

Cita Directa

*We can deduce from this that our Endlessness did something to avoid the
inevitable ending by focusing on the "fifth sacred canticle," meaning the So-
La interval. (Do-Re=1st, Re-Mi=2nd, Mi-Fa=3rd, Fa-So=4th, So-La=5th)*

Podemos deducir de esto que nuestra Eternidad hizo algo para evitar el
fin inevitable al enfocarse en el "quinto cántico sagrado", es decir, el intervalo
Sol-La. (Do-Re=1°, Re-Mi=2°, Mi-Fa=3°, Fa-Sol=4°, Sol-La=5°.)

*First Gurdjieff showed us that the problem of the destruction was due to the Mi-
Fa interval, the interruption of the natural flow of things, but now he is trying
to help us by showing us that the solution is in the fifth So-La interval, and that
we need to create something similar to the present existing "Megalocosmos".
The instructions continue:*

Primero nos mostró que el problema de la destrucción fue debido al
intervalo Mi-Fa, la interrupción del flujo natural de las cosas, pero ahora está
tratando de ayudarnos al mostrarnos que la solución está en el quinto intervalo
Sol-La, y que necesitamos crear algo similar al actual "Megalocosmos"
existente. Las instrucciones continúan:

"In order that you may more clearly understand how our

ENDLESSNESS decided to attain immunity from the maleficent action of the merciless Heropass and of course how He ultimately actualized it all, you must first of all know that before this, the Most, Most Holy Sun Absolute was maintained and existed on the basis of the system called 'Autoegocrat,' i.e., on that principle according to which the inner forces which maintained the existence of this cosmic concentration had an independent functioning, not depending on any forces proceeding from outside, and which were based also on those two fundamental cosmic sacred laws by which at the present time also, the whole of our present Megalocosmos is maintained and on the basis of which it exists, and, namely, on the basis of those two fundamental primordial sacred cosmic laws, called the sacred Heptaparaparshinokh* and the sacred Triamazikamno*."

Direct Quote

"Para que puedas comprender más claramente cómo nuestra INFINITUD decidió lograr inmunidad de la maléfica acción del inmisericorde Heropass y por supuesto de cómo Él, finalmente actualizó todo, debes saber antes de nada que antes de esto, el Muy, Muy Sagrado So Absoluto era mantenido y existía sobre la base del sistema llamado 'Autoegócrata', es decir, sobre el principio de acuerdo al cual las fuerzas interiores que mantenían la existencia de esta concentración cósmica poseían un funcionamiento no dependiente de cualquier fuerza procedente del exterior, y que se basaba también en esas dos leyes cósmicas sagradas fundamentales a través de las cuáles en el tiempo presente la totalidad de nuestro actual Megalocosmos también se mantiene y, en cuya base existe y, concretamente, se basa en esas dos sagradas leyes cósmicas primordiales y fundamentales llamadas el sagrado Heptaparaparshinokh* y el sagrado Triamazikamno*."

Cita Directa

In pondering these writings of Gurdjieff's Beelzebub, we can arrive to the understanding that creation came about by way of "descending" from our Endlessness.

Ponderando estos escritos del Belcebú de Gurdjieff, podemos llegar a la comprensión de que la creación surgió "descendiendo" de nuestra Eternidad.

In positioning our Endlessness as the highest possible "DO," the descending scale Ti-La-So-Fa-Mi-Re-Do, followed be additional descending octaves, completes creation.

Al posicionar a nuestra Eternidad como el "DO" más alto posible, la escala descendente Si-La-Sol-Fa-Mi-Re-Do, seguida de las octavas adicionales descendentes, se completa la creación.

From this standpoint, a possible understanding could come from considering a developing child in a mother's womb. Its functions are independent of forces on the outside; as it is surrounded by everything needed to support its existence and development. We could refer to the developing child as an "Autoegocrat," and liken it to the Creative Force of the Universe. All that is involved in its development is based on the law of seven and the law of three.

Desde este punto de vista, una posible comprensión podría venir de considerar a un niño desarrollándose en el vientre de una madre. Sus funciones son independientes de fuerzas viniendo del exterior; ya que está rodeado de todo lo que necesita para mantener su existencia y desarrollo. Podríamos referirnos al niño como un "Autoegócrata", y compararlo con la Fuerza Creativa del Universo. Todo lo que está involucrado en su desarrollo está basado en la ley de siete y la ley de tres.

As Autoegocrats, we were maintained independently of the exterior... but, our present lives are no longer like that. So you ask, "What's next?" Well, Gurdjieff's Beelzebub continues:

Como Autoegócratas, éramos mantenidos independientemente del exterior… pero, nuestra vida presente ya no es así. Así que te preguntas ¿qué sigue? Bueno, el Belcebú del señor Gurdjieff continúa:

> *"Now, my boy, listen further very attentively.*
> *"And so, in the beginning as I have already told you, our Most, Most Holy Sun Absolute was maintained by the help of these two primordial sacred laws; but then these primordial laws functioned independently, without the help of any forces whatsoever coming from outside, and this system was still called only the 'Autoegocra*t.'*
> Direct Quote

"Ahora, mi pequeño, escucha mucho más atentamente.

"Y así, en el comienzo, como ya te lo había dicho, nuestro Muy, Muy Sagrado Sol Absoluto era mantenido con la ayuda de estas dos sagradas leyes primordiales; pero entonces estas leyes primordiales funcionaban independientemente, sin la ayuda de ninguna fuerza en absoluto viniendo del exterior, y este sistema aún se llamaba solamente el 'Autoegócrata*'.

Cita Directa

What can we infer from this? We can infer the similarity to the 9 months initially spent in our mother's womb. In agreement with nature's laws, as growing beings inside our mother, we need no external force help, we are sufficient inside our Holy Mother... our own Sacred Sun Absolute. And this is so, because up to that moment we were 'Autoegocrats". Gurdjieff continues:

¿Qué podemos inferir de esto? Podemos inferir la similitud de los 9 meses pasados inicialmente en el vientre de nuestra madre. De conformidad con las leyes de la naturaleza, como seres en formación dentro de nuestra madre, no necesitamos ayuda de ninguna fuerza externa, somos autosuficientes dentro de nuestra Sagrada Madre... nuestro propio Sagrado Sol Absoluto. Y es así que hasta ese momento éramos 'Autoegócratas'. Gurdjieff continúa:

"And so, our ALL-MAINTAINING ENDLESSNESS decided to change the principle of the system of the functionings of both of these fundamental sacred laws, and, namely, HE decided to make their independent functioning dependent on forces coming from outside."

Direct Quote

"Y así, nuestra INFINITUD que TODO-LO-MANTIENE, decidió cambiar el principio del sistema de funcionamiento de ambas leyes sagradas fundamentales y, concretamente, decidió hacer su funcionamiento independiente, dependiente de fuerzas provenientes del exterior.

Cita Directa

This could mean that as our Creator realized that Heropass was destroying mercilessly His Holy Sacred place of dwelling, He needed to create an external structure of Universal Laws to repair His house, designing them in such a way that this could not possibly happen again. In this way, His house was made to depend on external maintenance, resulting in LIFE! EXISTENCE! BEING!

Esto podría significar que conforme nuestro Creador se dio cuenta de que Heropass estaba destruyendo inmisericordemente Su Sagrado y Santo lugar de morada, Él necesitó crear una estructura externa de Leyes Universales para reparar Su casa, diseñándolas de tal forma que esto no pudiera suceder otra vez. De esta forma Él hizo Su casa dependiente de mantenimiento externo resultando en VIDA! ¡EXISTENCIA! ¡SER!

But let's allow Mr. Gurdjieff-Beelzebub to continue:

Pero permitamos que el Sr. Gurdjieff-Belcebú continúe:

"And so, in consequence of the fact that for this new system of functioning of the forces which until then maintained the existence of the Most, Most Holy Sun Absolute, there were required outside of the Sun Absolute corresponding sources in which such forces could arise and from which they could flow into the presence of the Most, Most Holy Sun Absolute, our ALMIGHTY ENDLESSNESS was just then compelled to create our now existing Megalocosmos with all the cosmoses of different scales and relatively independent cosmic formations present in it, and from then on the system which maintained the existence of the Sun Absolute began to be called Trogoautoegocrat*.

Direct Quote

"Y así, en consecuencia del hecho de que para este nuevo sistema de funcionamiento de las fuerzas que hasta entonces mantenían la existencia del Muy, Muy Sagrado Sol Absoluto, fueron requeridas desde el exterior del Sol Absoluto, fuentes correspondientes en las cuales tales fuerzas pudieran surgir y desde donde pudieran fluir hacia dentro de la presencia del Muy, Muy sagrado Sol Absoluto. Precisamente entonces nuestra INFINITUD TODOPODEROSO se vio obligado a crear nuestro ahora existente Megalocosmos con todos los cosmos de diferentes escalas y de formaciones cósmicas relativamente independientes presentes en él, y desde entonces, el sistema que sostenía la existencia del Sol Absoluto empezó a ser llamado Trogoautoegócrata*.

Cita Directa

This means that Our Creator, build His place of dwelling in a way that was from then on supported by Creation. This comes from the meaning of the word 'Trogo = I eat' and' egocrat = myself'. Of course, it is understandable, remembering that Our Creator is All, then Creation feeds upon itself, and is eternally Self-supporting

Esto significa que Nuestro Creador, construyó Su lugar de morada en una forma que fue desde entonces sostenida por la Creación. Esto viene del significado de la palabra 'Trogo = Yo como', y 'egócrata = a mi mismo'. Por supuesto es entendible, recordando que Nuestro Creador es Todo, entonces la Creación se está comiendo a Si Misma, y es eternamente auto-sostenida.

Continuing with Mr. Gurdjieff-Beelzebub:

Continuando con el Sr. Gurdjieff-Belcebú:

"Our COMMON FATHER OMNI-BEING ENDLESSNESS, having decided to change the principle of the maintenance of the existence of this then still unique cosmic concentration and sole place of HIS most glorious Being, first of all altered the process itself of the functioning of these two primordial fundamental sacred laws, and HE actualized the greater change in the law of the sacred Heptaparaparshinokh."[1]

Direct Quote

"Nuestro PADRE COMÚN INFINITO OMNI-SER, habiendo decidido modificar el principio del mantenimiento de la existencia de esta hasta entonces única concentración cósmica y exclusivo lugar de SU muy glorioso Ser, alteró, en primer lugar, el proceso mismo del funcionamiento de estas dos sagradas leyes primordiales y fundamentales y actualizó la más grande modificación en la ley del sagrado Heptaparaparshinokh.

Cita Directa

---

1   G.I. Gurdjieff, <u>Beelzebub Tales to His Grandson/ All and Everything.</u> First Series, Second Book (Oregon: Two Rivers, 1993) p. 752-753.

"These changes in the functioning of the sacred Heptaparaparshinokh consisted in this, that in three of its Stopinders* HE altered the, what are called 'subjective actions' which had been until then in the Stopinders, in this respect, that in one HE lengthened the law conformable successiveness; shortened it in another; and in a third disharmonized it.

Direct Quote

"Estos cambios en el funcionamiento del sagrado Heptaparaparshinokh consistieron en esto, que en tres de sus Stopinders* Él, alteró las llamadas 'acciones subjetivas' que hasta entonces habían estado en los Stopinders, en el sentido de que en uno Él alargó la sucesividad en conformidad con la ley; la acortó en otro; y la desarmonizó en un tercero.

Cita Directa

"And, namely, with the purpose of providing the 'requisite inherency' for receiving, for its functioning, the automatic affluence of all forces which were near, HE lengthened the Stopinder between its third and fourth deflections.

Direct Quote

"Y concretamente, con el propósito de proporcionar la 'inherencia requerida' para recibir para su funcionamiento la afluencia automática de todas las fuerzas cercanas, Él prolongó el Stopinder entre la tercera y la cuarta desviación.

Cita Directa

"This same Stopinder of the sacred Heptaparaparshinokh is just that one, which is still called the 'Mechano-coinciding-Mdnel-In*.'" [2]

Direct Quote

"Este mismo Stopinder del sagrado Heptaparaparshinokh es precisamente el que todavía es llamado 'Mdnel-In-mecano-coincidente*' ".

Cita Directa

---

[2]   Ibidem p. 753-754.

For a more detailed explanation on this subject of the changes of the law of seven and the law of three, I recommend reading the book by Mr. Russell A. Smith: Gurdjieff: Cosmic Secrets If you wish to order it, e-mail him at: thedogpub@cs.com

Para una explicación más detallada de este tema de los cambios de la ley de siete y de la ley de tres, les recomiendo leer el libro del señor Russell A. Smith: Gurdjieff: Secretos Cósmicos. Si deseas ordenar el libro, envíanos un correo electrónico a:
quintocamino@prodigy.net.mx *ó también a* mayandivers44@yahoo.com

The key for understanding the buried truths (dogs) of Mr. Gurdjieff, is to remember the musical octave, and that the third and four deflections mentioned would be: Do=First, Re=Second, Mi=Third and Fa=Fourth.

La clave para entender las verdades enterradas (perros) del señor Gurdjieff, es recordar la octava musical, y que la tercera y cuarta desviaciones mencionadas serían: Do =primera, Re =segunda, Mi =Tercera y Fa =Cuarta.

In this explanation of Gurdjieff's proposition, Russell helps to clarify the dog buried by Gurdjieff-Beelzebub in this paragraph. For this reason alone, I can't over emphasis the importance of reading Russell's book. And this is so, because without his explanation, the mystery would not have been accurately solved. Thanks to this unburied dog of Mr. Gurdjieff, we are able to find "The Ladder" for "Ascending through Creation".

En esta explicación de la proposición de Gurdjieff, Russell ayuda a clarificar el perro enterrado por Gurdjieff-Belcebú en este párrafo. Tan solo por eso, no puedo sobre-enfatizar la importancia de leer el libro de Russell. Y esto es así, porque sin su explicación, el misterio no se hubiera resuelto apropiadamente. Gracias a este perro desenterrado del señor Gurdjieff, somos capaces de encontrar "La Escalera" para "Ascender a través de la Creación".

But let's allow Mr. Gurdjieff to help us to complete the initial stroke:

Pero permitamos al señor Gurdjieff que nos ayude a completar la pincelada inicial:

"And the Stopinder which HE shortened, is between its last deflection and the beginning of a new cycle of its completing process; by this same shortening, for the purpose of facilitating the commencement of a new cycle of its completing process, HE predetermined the functioning of the given Stopinder to be dependent only upon the affluence of forces, obtained from outside through that Stopinder from the results of the action of that cosmic concentration itself in which the completing process of this primordial fundamental sacred law flows.

Direct Quote

"Y el Stopinder que Él acortó, está entre su última desviación y el comienzo de un nuevo ciclo de su proceso de completarse: por medio de este mismo acortamiento, y con el propósito de facilitar el comienzo de un nuevo ciclo de su proceso de completarse, Él predeterminó que el funcionamiento del Stopinder dado dependiera únicamente de la afluencia de fuerzas obtenidas desde el exterior, a través de ese Stopinder, como resultado de la acción de esa concentración cósmica en la que fluye el proceso de completarse de esta sagrada ley primordial y fundamental.

Cita Directa

"And this Stopinder of the sacred Heptaparaparshinokh is just that one, which is still called the 'intentionally-actualized-Mdnel-In.'" [3]

Direct Quote

"Y este Stopinder del sagrado Heptaparaparshinokh es precisamente ese que todavía se denomina 'Mdnel-In-Intencionalmente-actualizado'".

Cita Directa

Although I am anxious to move on to the exercises, which are indeed my purpose for writing this book, I want to finish mentioning some of our findings of the buried dogs of Mr. Gurdjieff-Beelzebub, so as to justify the use of the exercises.

---

3 Ibidem p. 754.

Aunque estoy ansioso por pasar a los ejercicios, que son en verdad mi propósito al escribir este libro, quiero terminar mencionando algunos de nuestros hallazgos de los perros enterrados por el señor Gurdjieff-Belcebú, como una manera de justificar el uso de estos ejercicios.

We have as a starting point the mentioned proposition of Mr. Gurdjieff that the Being manifested by our Creator at the beginning was that of an Egocrat, meaning One Being that was self-supported. Later, the Creator had the "forced need" to become a Trogoautoegocrat; meaning influenced by the need of external sources of food, in order to maintain His place of existence, His dwelling.

Tenemos como punto de comienzo la proposición mencionada del señor Gurdjieff, que el Ser manifestado por nuestro Creador al comienzo fue el de un Egócrata, es decir, Un Ser que se sostenía a si mismo. Después, el Creador tuvo la "necesidad forzada" de volverse Trogoautoegócrata, es decir influenciado por la necesidad de fuentes de alimento externo, para mantener Su lugar de existencia, su morada.

So, extrapolating from this we can see a similarity in our human lives. First, we were 'Egocrats', because we were self-supporting by way of our mother's life. But, once we came out from the womb, we had the forced need to intake food in a different way. Previously, we were being maintained through our umbilical cord, but now we need to intake food through our mouth and nose; so we became 'Trogoautoegocrats'.

Así que, extrapolando de esto, podemos ver una similitud en nuestras vidas humanas. Primero, éramos 'Egócratas', porque nos manteníamos a nosotros mismos por medio de la vida de nuestra madre. Pero, una vez que salimos de su matriz, tuvimos la necesidad forzada de introducir alimento de una forma diferente. Previamente, éramos mantenidos a través del cordón umbilical, pero ahora necesitamos tomar alimento a través de nuestra boca y nariz; así que nos volvimos 'Trogoautoegócratas'.

Then we read that our Creator lengthened the Mdnel-In-Mechano-Coinciding interval, meaning the Fa-Mi interval. Doing so, implies our need to do so, but backwards. According to Russell's understanding, when our Creator lengthened this interval, a rumple was formed in the notes' downward descent.

Entonces leímos que nuestro Creador alargó el intervalo Mdnel-In-Mecano-Coincidente, es decir el intervalo Fa-Mi. Al hacerlo, esto implica que nosotros necesitamos hacerlo también, pero al revés. De acuerdo con la comprensión de Russell, cuando nuestro Creador alargó este intervalo, se formó una arruga en las notas hacia abajo.

I understand this more as if the Creator had pushed down creation at that point. From this understanding, if we wish to ascend, we need to fight back this pushing. But then how do we perceive this pushing downwards?

Yo entiendo esto más como si el Creador hubiera empujado hacia abajo la creación en ese punto. De esta comprensión, si deseamos ascender, necesitamos luchar en contra de este empujón. Pero entonces ¿cómo percibimos este empujón hacia abajo?

Simplified, we could say that physically, we feel this as the Gravity Force that is always pushing us downwards as we jump upwards.

Simplificadamente podríamos decir que físicamente, sentimos esto como la Fuerza de la Gravedad que está siempre empujándonos hacia abajo, cuando queremos saltar hacia arriba.

But as another answer, we could say that we perceive it in the difficulty of creating things. It is easier to destroy than to build isn't it? And, it is easier going downwards than upwards.

Pero como otra respuesta, podríamos decir que la percibimos en la dificultad para crear cosas. Es más fácil destruir que construir, ¿no es así? Y es más fácil ir hacia abajo que hacia arriba.

Then, we read that the Absolute shortened the last Stopinder, meaning Ti-Do. How do we perceive that?

Entonces, leemos que el Absoluto acortó el último Stopinder, es decir Si-Do. ¿Cómo percibimos eso?

Well, observe that if we wash the dishes right after the party, the next day it is much easier to go to the next octave, meaning to start cooking again.

Bueno, observa que si lavamos los trastes inmediatamente después de la fiesta, al siguiente día es mucho más fácil ir a la siguiente octava, es decir, empezar a cocinar otra vez.

Russell has given us an example of this gap we have bridged: "...if you are in the desert, totally exhaust and about to die; and suddenly you perceive at the far distance what could possibly be an oasis, you stand up immediately and run to get the desperately needed water and shade." How can it be that one could gather the energy to do so? Well, the DO that completes the octave, meaning the water and the shade coming from outside our desperation, gives the pull. So in the case of our evolution, the last Ti-Do interval will be filled up, bridged by the same Absolute, assisting the octave's completion. Stated differently, the Ti-Do interval is filled up for the octave that follows in each situation or event.

Russell nos ha dado un ejemplo de este hueco que hemos atravesado: "...si estás en el desierto, totalmente exhausto y a punto de morir; y de repente percibes a lo lejos lo que podría ser un oasis, te levantas inmediatamente y corres para obtener el agua y la sombra tan desesperadamente deseadas." ¿Cómo puede ser que uno pueda reunir la energía para hacer esto? Bueno, el DO que completa la octava, es decir el agua y la sombra viniendo de fuera de nuestra desesperación, dan el jalón. Así que en el caso de nuestra evolución, el último intervalo Si-Do será llenado, cruzado por el mismo Absoluto, ayudando a completar la octava. O afirmado de manera diferente, el intervalo Si-Do es llenado por la octava que sigue en cada situación o evento.

But Gurdjieff-Beelzebub also says that the Creator disharmonized the So-La interval.

Pero también dijo el señor Gurdjieff-Belcebú que el Creador desarmonizó el intervalo Sol-La.

When reading and studying the Russell Smith's book: Gurdjieff: Cosmic Secrets, you will realize why this is so, physically and scientifically. Now we are simply concerned with the psychological implications, relating to our being.

Cuando leas y estudies el libro de Russell Smith: Gurdjieff: Secretos Cósmicos, te darás cuenta de porqué es esto así, físicamente y científicamente. Nosotros ahora estamos interesados simplemente en las implicaciones psicológicas, relacionadas con nuestro ser.

What are the effects of the disharmonized So-La interval? From the ascending octave, we can see that we first need to deal with the interval Mi-Fa, and later with the So-La.

¿Cuáles son los efectos del intervalo desarmonizado Sol-La? Desde la octava ascendente, podemos ver que primero necesitamos lidiar con el intervalo Mi-Fa, y después con el área Sol-La.

Russell indicates in chapter five of his book that the note SO is the place of our Intellectual Center and that LA is where our Higher Emotional Center is located.

Russell indica en el capítulo cinco de su libro que la nota SOL es el lugar de nuestro Centro Intelectual y que la nota LA, es en donde está localizado el Centro Emocional Superior.

Take careful note of the following description:
Toma nota cuidadosamente de la siguiente descripción:

Do	*The Master*	Do	El Amo
Ti	*Higher Mental Center*	Si	Centro Mental Superior
La	*Higher Emotional Center*	La	Centro Emocional Superior
So	*Intellectual Center*	Sol	Centro Intelectual
Fa	*Emotional Center*	Fa	Centro Emocional
Mi	*Moving Center*	Mi	Centro Motriz
Re	*Instinctive Center*	Re	Centro Instintivo
Do	*First Food*	Do	Primer Alimento

We can observe that something is occurring during our efforts to ascend; we are trying to go through this interval just with our Intellectual center. Something is blocking our ascension… and this is the emergence of our Higher Emotional Center with its chief faculty: Conscience.

Podemos observar que algo está ocurriendo durante nuestros esfuerzos por ascender, estamos tratando de atravesar este intervalo solo con nuestro centro intelectual. Algo esta bloqueando nuestra ascensión... y esto es el surgimiento de nuestro Centro Emocional Superior con su facultad principal: La Conciencia.

Mr. Gurdjieff gave us some clues in his master piece:

El Señor Gurdjieff nos dio algunas pistas en su obra maestra:

"And so...the ordinary first being-food is thus gradually transmuted in beings into definite substances called 'being-Tetartoëhary*,' which have in beings, just as of course in your favorites, as the central place of their concentration both of what are called the 'hemispheres of their head-brain.'

Direct Quote

"Y así que... el primer alimento-del-ser ordinario es de esta manera gradualmente transmutado dentro de los seres en substancias definidas llamadas: 'Tetartoëhary-del-ser*', las cuales en los seres, así como por supuesto en tus favoritos, tienen como el lugar central de su concentración los dos llamados 'hemisferios de su cerebro encefálico'".

Cita Directa

"Furthermore, a part of this being-Tetartoëhary from both hemispheres of their head-brain goes unchanged to serve planetary body of the given being, but the other part having in itself all the possibilities for independent evolution, continues to evolve without any help coming from outside; and mixing again by means of the process Harnelmiatznel* with previously formed higher substances already present in the beings, it is gradually transmuted into still higher definite being-active-elements called 'Piandjoëhary*.'

Direct Quote

"Posteriormente, una parte de este Tetartoëhary-del-ser desde ambos hemisferios de su cerebro encefálico procede sin cambio a servir al cuerpo planetario del ser en cuestión, pero la otra parte teniendo en sí misma todas las posibilidades para su evolución independiente, continúa evolucionando sin ninguna ayuda del exterior; y mezclándose otra vez por medio del proceso Harnelmiatznel* con substancias superiores previamente formadas, ya presentes en los seres, es gradualmente transmutada en elementos-activos-del-ser aún superiores y definidos llamados: 'Piandjoëhary*'".

Cita Directa

"And these substances have as the central place of their concentration in beings the, what is called, 'Sianoorinam' or, as your favorites call this part of their planetary body, the 'cerebellum,' which in beings is also located in the head.

Direct Quote

"Y estas substancias tienen como el lugar central de su concentración en los seres el llamado: 'Sianoorinam' ó como tus favoritos llaman a esta parte de su cuerpo planetario: el 'cerebelo', que también está localizado en la cabeza de los seres".

Cita Directa

"Just these same substances in beings, according to the fifth deflection of the Sacred Heptaparaparshinokh, have the free possibility of giving, in the manifestations of the common presences of three-brained beings, results not similar but 'opposite to each other'

Direct Quote

"Exactamente estas mismas substancias en los seres, de acuerdo con la quinta deflexión del sagrado Heptaparaparshinokh, tienen la posibilidad libre de proporcionar, en las manifestaciones de las presencias comunes de los seres tri-cerebrados, resultados no similares sino 'opuestos entre sí'".

"That is why, in respect of these being-substances, the beings themselves must always be very, very much on their guard in order to avoid undesirable consequences for their entire whole."[4]

---

4   G.I. Gurdjieff, Beelzebub's Tales to His Grandson/ All and Everything. First Series, Second Book (Oregon: Two Rivers, 1993) 790-791.

Direct Quote

"Es por eso que, en lo que respecta a estas substancias-del-ser, los seres deben siempre estar muy, muy en guardia para evitar consecuencias indeseables para su totalidad".

Cita Directa

Here we can observe that Mr. Gurdjieff-Beelzebub points to an obvious unearthed canine: We need to be very, very careful when arriving to the "Harnel-Aoot*", meaning to the interval So-La, because in that moment and because of this 'natural' disharmony purposely created by our Endlessness, we face a situation in which we perceive results 'not similar but opposite to each other'; meaning our contradictions. In this situation, we have the free possibility to see more things than usual.

Aquí podemos observar que el Señor Gurdjieff-Belcebú nos señala un canino desenterrado casi *obvio*: Necesitamos ser muy, muy cuidadosos al llegar al 'Harnel-Aoot*', es decir al intervalo Sol-La, porque en ese momento y debido a esta desarmonía 'natural', creada a propósito por nuestra Eternidad, enfrentamos una situación en la que percibimos resultados 'no similares sino opuestos los unos a los otros'; es decir, nuestras contradicciones. En esta situación, tenemos la posibilidad libre de ver más cosas de lo usual.

As an example to see the obvious in ourselves, how often have you enjoyed a good meal, and by way of dinner table conversation, been drawn into an argument? Think of all the undesirable consequences that follow and how it almost poisons the meals and your digestion.

Como un ejemplo para ver lo obvio en nosotros mismos, ¿que tan frecuentemente has disfrutado de una buena comida, y en la conversación de sobremesa, nos vemos atrapados en una discusión? Piensa en todas las consecuencias indeseables que siguen y en cómo casi envenenan los alimentos y tu digestión.

What can we do to avoid those undesirable consequences? Well, Mr. G-B provides us with more clues:

¿Qué podemos hacer para evitar esas consecuencias indeseables? Bueno, el Señor G-B nos provee de más pistas:

"And so, my boy, this totality of their first being-food* which results from the evolution in these beings-apparatuses*, corresponds with its vibrations to the last Stopinder of the Being-Heptaparaparshinokh, and according to the particularity of this Stopinder, it enters the 'higher-intentionally-actualizing-Mdnel-In*' of the law of Heptaparaparshinokh; and in order to transform completely into new higher substances and in order to acquire vibrations corresponding to the vibrations of the next higher vivifyingness namely, corresponding to the fifth Stopinder of the fundamental process of the common-cosmic Sacred Heptaparaparshinokh, it inevitably requires just that foreign help which is actualized only in the presences of the three-brained beings* exclusively owing to those factors mentioned by me more than once and which are manifested in the 'being-Partkdolg-duty*,' that is, owing to just those factors which our COMMON FATHER CREATOR ENDLESSNESS consented to foreordain to be the means by which certain of the Tetartocosmoses*-as a final result of their serving the purposes of the common-cosmic Iraniranumange*— might become helpers in the ruling of the enlarged World and which factors also until now serve as the sole possible means for the assimilation of the cosmic substances required for the coating and perfecting of the higher being-bodies and which we at the present time call 'conscious labors*' and 'intentional suffering*.'"[5]

Direct Quote

"Y así mi muchacho, esta totalidad de su primer alimento-del-ser* que resulta de la evolución en estos aparatos-del-ser*, corresponde con sus vibraciones al último Stopinder del Heptaparaparshinokh-del-ser y, de acuerdo con la particularidad de este stopinder, entra en el 'Mdnel-In-superior-actualizado-intencionalmente*' de la ley de Heptaparaparshinokh; y para transformarse completamente en nuevas substancias superiores y para adquirir vibraciones correspondientes a las vibraciones de la siguiente vivificación superior, a saber, correspondiente al quinto Stopinder del proceso fundamental del Sagrado Heptaparaparshinokh cósmico común, inevitablemente requiere precisamente esa ayuda

---

5   G.I. Gurdjieff, <u>Beelzebub's Tales to His Grandson/ All and Everything.</u> First Series, Second Book (Oregon: Two Rivers, 1993) 791-792.

ajena que es materializada únicamente en las presencias de los seres tri-cerebrados* exclusivamente debido a esos factores mencionados por mi más de una vez y que son manifestados en el 'Partkdolg-deber-del-ser*' , es decir, debido solamente a esos factores que nuestro INFINITO PADRE COMÚN CREADOR consintió en preordenar que sea el medio por el cual ciertos de los Tetartocosmos* —como resultado final de su servicio a los propósitos del Iraniranumange* cósmico-común – pudieran convertirse en ayudantes en el gobierno del Mundo engrandecido y cuyos factores también sirven hasta ahora como el único medio posible para la asimilación de las substancias cósmicas requeridas para el revestimiento y perfeccionamiento de los cuerpos-del-ser superiores y que nosotros en la actualidad llamamos: 'labores conscientes*' y 'sufrimiento intencional*'".

Cita Directa

So, what is it that Mr. Gurdjieff-Beelzebub is telling us here?

Así que, ¿qué es lo que el señor Gurdjieff-Belcebú nos está diciendo aquí?

That in order for our first food -meaning apples, bananas and hamburgers- to go beyond the Ti-Do interval and become something more vivifying, more alive, of higher vibration -like an Astral Body- we need to do something specific in the interval So-La called the "Harnel-Aoot." We need to practice the Partkdolg-duty, meaning: conscious labor and intentional suffering.

Que para que nuestro primer alimento (manzanas, plátanos y hamburguesas) pueda ir más allá del intervalo Si-Do y volverse algo más vivificante, más vivo, de mayor vibración (como un Cuerpo Astral), necesitamos hacer algo específico en el intervalo Sol-La llamado el "Harnel-Aoot"; necesitamos practicar el Partkdolg-deber, es decir: labor consciente y sufrimiento intencional.

Additionally, Mr. Gurdjieff gives us more hints in the book 'Views from the Real World', specifically in the chapter 'New York, December 9th, 1930; 'How can we gain attention.' Mr. Gurdjieff said: "...to be able to use this substance –the mixed substance created by the mixing of the substance of the physical body and the astral material- called magnetism, we need to acquire it first;

and it is acquired only through conscious labor and intentional suffering. This is possible through doing small things voluntarily. Taking a small aim and making it our god, we will be going towards acquiring magnetism and the ability to do.

Adicionalmente el señor Gurdjieff nos da más indicios en el libro 'Perspectivas desde el Mundo Real', específicamente en el capítulo 'Nueva York, 9 de Diciembre de 1930: '¿Cómo podemos ganar atención?' Él dijo: "... para ser capaces de usar esta sustancia (la sustancia mezclada creada por la mezcla de la sustancia del cuerpo físico y del material astral) llamada magnetismo; necesitamos adquirirla primero; y es adquirida únicamente mediante labor consciente y sufrimiento intencional. Esto es posible a través de hacer pequeñas cosas voluntariamente. Tomando una pequeña meta y haciéndola nuestro dios, estaremos yendo hacia la adquisición del magnetismo y de la habilidad de hacer.

This is where our Awakening Exercises start. We need to practice them as a conscious labor and intentional suffering; so let's get started.

Aquí es en donde comienzan nuestros Ejercicios Despertadores. Necesitamos practicarlos como una labor consciente y como sufrimiento intencional; así que, comencemos.

CHAPTER ONE
CAPÍTULO UNO

1. Like what "it" does not like:
1. Gusta de lo que a "ello" no le gusta.

The awakening exercises we will initially be using include the famous Aphorisms of George Ivanovitch Gurdjieff.. There will be other exercises included that are designed to either assist in the awakening process or aid in maintaining the awakened state.

Los Ejercicios despertadores que estaremos usando inicialmente incluyen los famosos Aforismos de George Ivanovitch Gurdjieff. Habrán otros ejercicios incluidos que están diseñados ya sea para asistirnos en el proceso del despertar o para ayudarnos a mantener el estado de despertar. .

In proceeding with the Aphorisms, please note this saying deemed so important, it is positioned as number zero (0) ahead of all Aphorisms. This saying states, "There is no failure in effort." It is my intent that your efforts, in progressing through to this book, will assist you in developing insight and forming opinions. I encourage you to email me should you need further clarifications, or if you find yourself of an opposite opinion at any point. Should you want to do so, my address is:

thedogpv@autotransformacion.com and also,
quintocamino@prodigy.net.mx

Al proceder con los Aforismos, por favor observa que uno de los dichos considerado como muy importante, está colocado como número cero (0); antes de los Aforismos. El dicho Cero dice: "No hay falla en el esfuerzo". Mi intención es que tus esfuerzos, al progresar a través de este libro, te ayudarán a desarrollar comprensión y a formar opiniones. Te exhorto a que me escribas por correo electrónico en el caso de que necesites una mayor aclaración, o si tienes una opinión diferente en cualquier punto.
Si deseas hacerlo, mi dirección es:
thedogpv@autotransformacion.com y también:
quintocamino@prodigy.net.mx

1. *Like what "it" does not like:*
1. Gusta de lo que a "ello" no le gusta.

This aphorism teaches us that something that is unpleasant or uncomfortable or disagreeable can, with intention, become pleasant, comfortable and agreeable, etc.

Este aforismo nos enseña que algo que es no placentero o incómodo, o desagradable puede, con intención, volverse placentero, cómodo y agradable, etc.

The idea here is not that we force ourselves to experience a "bed of nails," and then persuade ourselves into thinking it to be a pleasant experience.

La idea aquí, no es que nos forcemos a experimentar una "cama con clavos" y que entonces nos convenzamos pensando que es una experiencia placentera.

Instead, this saying is encouraging self-observance. We all have daily situations that require unpleasant tasks or involvements. Take those situations and observe what it is that triggers in you a disagreeable response. It is from this understanding that we have the chance to change our approach.

En lugar de eso, este dicho nos está motivando a auto-observarnos. Todos tenemos situaciones diarias que requieren tareas o intervenciones no placenteras. Toma esas situaciones y observa qué hay en ti que dispara una respuesta desagradable. Es desde esta comprensión que tenemos la oportunidad de cambiar nuestro enfoque.

Example: One night, as I was driving my car on the road to Puerto Vallarta, Mexico, another car was immediately behind me, "riding my back bumper." My machine became irritated by this and began to react, thinking such things as "...this guy is really trying to get me to go faster ..." or "...this guy is provoking me to get a reaction..." etc.

Ejemplo: Una noche, al manejar en la carretera hacia Puerto Vallarta, México, otro carro estaba justo detrás del mío, "pegado a mi cajuela". Mi máquina se estaba irritando con esto y empezó a reaccionar con pensamientos como: "… este tipo está tratando realmente de que yo vaya más rápido…" ó "…este tipo me está provocando para que reaccione…", etc.

Forming these opinions, my machine became more annoyed by this unpleasant situation. Realizing this, I went immediately to the first aphorism: "like what it does not like." To do so, I needed to change my opinions. I began to tell myself "…this guy really can't see very well at night, and that is why he is following so closely. This changed my experience altogether, seeing myself as a guide in the dark of night, as the driver stayed near my back bumper.

Al formar estas opiniones, mi máquina se molestó más con esta situación no placentera. Al darme cuenta de esto, inmediatamente recordé el primer aforismo: "Gusta de lo que a ello no le gusta". Para hacerlo, necesitaba cambiar mis opiniones. Empecé entonces a decirme: "…este tipo realmente no puede ver muy bien de noche, y esta es la razón del porqué me está siguiendo tan de cerca. Esto cambió por completo mi experiencia viéndome como un guía en la oscuridad de la noche, mientras el otro conductor se mantenía pegado a mi cajuela.

Another example: Summer time in Puerto Vallarta brings hot, humid weather. My machine perspires and feels more tired from the heat. How can I like what my machine does not like regarding the summer weather?

Otro ejemplo: El Verano en Puerto Vallarta es caluroso y húmedo. Mi máquina perspira y se siente más cansada por el calor. ¿Cómo puedo gustar de lo que a mi máquina no le gusta en relación con el clima del Verano?

First, I need to change my opinions. Perhaps a good new opinion would be: isn't it great to be perspiring so that my body can get rid of toxins through the skin? Yeah! Wonderful! Isn't it fantastic that through the perspiring, this body is healing itself through the famous third lung, which is the skin breathing? Yeah! This is fantastic! And that's it! Now I am enjoying the heat, the weather and the machines' perspiring!

Primero, necesito cambiar mis opiniones. Tal vez una buena opinión nueva sería: ¿No es grandioso estar transpirando para que el cuerpo se libere de las toxinas a través de la piel? ¡Si! ¡Maravilloso! ¿No es fantástico que a través de la transpiración, este cuerpo se está sanando a sí mismo a través del tercer pulmón famoso que es la piel respirando? ¡Si! ¡Es Fantástico! ¡Y eso es todo! ¡Ahora estoy disfrutando del calor, del clima y de la transpiración de la máquina!

In this approach, there are no efforts to be masochistic in "liking what it does not like." We are simply transforming the "unpleasant" to a "pleasant perspective." We are converting annoyance and friction to enjoyment and benefit.

Con este enfoque, no hay esfuerzos por ser masoquistas en el "Gusta de lo que a ello no le gusta". Estamos simplemente transformando lo "no-placentero" en una "perspectiva placentera". Estamos convirtiendo las molestias y fricciones en gozo y beneficio.

Notice that we are neither changing the situation nor the person. We are changing our perception of the situation.

Observa que no estamos cambiando las situaciones, ni a las personas. Estamos cambiando nuestra percepción de la situación.

1. *Liking what it does not like.*
1. Gustando de lo que a ello no le gusta.

I encourage you to report your personal results in using Aphorism #1 to enhance your day to day life. As is the case with study groups, we can learn from one another as we us the tools. The first steps to transforming the world are taken in transforming ourselves.

E-mail me to: thedogpv@autotransformacion.com *or to* quintocamino@prodigy.net.mx

Te animo a que reportes tus resultados personales al usar el Aforismo # 1 al mejorar tu vida diaria. Como es en el caso de los grupos de estudio, podemos aprender uno del otro conforme usamos las herramientas. Los primeros pasos para transformar el mundo son tomados al transformarnos a nosotros mismos.

Escríbeme a: thedogpv@autotransformacion.com ó a: quintocamino@prodigy.net.mx

CHAPTER TWO
CAPÍTULO DOS

2. *The highest that a man can attain is to be able to do.*

2. Lo más alto que un hombre puede obtener es ser capaz de hacer.

Mr. Gurdjieff taught that if we remain as machines, we never will be able "to do". By this he means, "To do" as an Awakened Man.

El Sr. Gurdjieff enseñó que si permanecemos como máquinas, nunca seremos capaces de "hacer". Lo que quiso decir es: "hacer" como un Hombre Despierto.

Machines simply respond to pushed buttons, activating sequences or programs purposely installed in the machines. Similarly, "sleeping man" is as a human biological machine that responds to pushed buttons. These responses are often routine and predictable, as if one were programmed to respond accordingly.

Las máquinas simplemente responden a los botones que se les aprietan, activando secuencias o programas instalados a propósito en ellas. Similarmente, "el hombre dormido" es una máquina biológica humana que responde a los botones que se le aprietan. Estas respuestas son frecuentemente rutinarias y predecibles, como si uno estuviera programado para responder a ellos.

If we wish to become Real Human Beings, leading to Real Men, we must first awaken! This starts by realizing our present state.

Si deseamos volvernos Seres Humanos Reales, para convertirnos en Hombres Reales, ¡primero debemos despertar! Esto comienza dándonos cuenta de nuestro estado presente.

Presently, as taught by Gurdjieff, we are merely machines reacting to daily circumstances and impressions. As a result, we seem stuck in negativity, and although we have a tendency to use our imagination to fantasize a different life with improved results, we seldom do anything about it.

Ahora, como lo enseñó el Sr. Gurdjieff, somos meras máquinas reaccionando a las impresiones y circunstancias diarias. Y como resultado, estamos atorados en la negatividad y, aunque tenemos una tendencia a usar nuestra imaginación para fantasear una vida diferente con resultados mejorados, rara vez hacemos algo por ello.

Why don't we do anything about it? Because, as Gurdjieff teaches, we are merely passive passengers in this vehicle we call our "human body."

¿Por qué no hacemos algo al respecto? Porque, como enseña Gurdjieff, somos simples pasajeros pasivos en este vehículo que llamamos nuestro "cuerpo humano".

The body can do . . . and it does: it breaths, eats, forms thoughts, speaks, walks, dates, mates and copulates to create off-spring that continue the human development. Further, our machines seek to change our environment as we relate to other machines in an effort to avoid uncomfortable situations. As machines, we push our planet's natural environment aside, forming cities in an effort to reduce life's struggles for food, shelter and the like.

El cuerpo puede hacer. . . y hace: respira por sí mismo, come, habla, tiene pensamientos, camina, tiene citas románticas, se compromete como pareja, copula para tener descendencia y continuar su desarrollo. Adicionalmente, nuestras máquinas buscan cambiar el medio ambiente, al relacionarse con otras máquinas en un esfuerzo por evitar situaciones incómodas. Como máquinas, ponemos de lado el medio ambiente natural de nuestro planeta, formando ciudades en un esfuerzo por reducir la lucha de la vida por alimento, abrigo y similares.

Understanding that we are passive "passengers" prompts and raises questions. What about me? What about My Self? This brings us to the point of this Aphorism, that of "Real Doing." The "doing" that elevates the focus of our attention to "The Highest that a man can attain . . .

Comprendiendo que somos "pasajeros" pasivos, incita y levanta preguntas. ¿Qué hay acerca de mí? ¿Qué acerca de Mi Ser? Esto nos lleva al Aforismo del "Hacer Real". El "hacer" que eleva el enfoque de nuestra atención a "Lo más alto que un hombre puede obtener…

. . . is to be able to do." Understanding the highest is found in the "doing," what is it that Real Human Beings "do"?

. . . es ser capaz de hacer". Entendiendo que lo más alto es encontrado en el "hacer", ¿qué es eso que los Seres Humanos Reales pueden "hacer"?

"Real Doing" goes far beyond the "knee jerk" reactions of our machines. It is found in "self observing" and witnessing and perhaps becoming able to stop our "automatic" responses, those of negative emotions, inner considering, useless self chatter as well as our daily "pet peeve" conversations, and unconscious muscular movements.

"El Hacer Real" va más allá de las reacciones automáticas de nuestras máquinas. Se encuentra en la "auto-observación" y en el atestiguar y tal vez llegar a parar las respuestas "automáticas", de las emociones negativas, de la consideración interna, de la charla inútil así como de nuestras diarias conversaciones favoritas e irritantes y de los movimientos musculares inconscientes.

To rise above having the "buttons of our machines" pushed, and to remember TO DO as a Real Human Being, it is suggested that you start with a small, voluntary intention or aim. Perhaps you might choose the task of Self-Observation. To facilitate the exercise, and to assist in remembering to do so, create and use a remembering factor or awakening exercise. One of many suggestions is:

Para elevarnos por encima de tener los "botones de nuestra máquina" para que nos los aprieten, y para recordar HACER como un Ser Humano Real, se sugiere que comiences con una meta o intención pequeña y voluntaria. Tal vez podrías escoger la tarea de la Auto-Observación. Para facilitar el ejercicio, y para asistirte en recordar hacerlo, crea y usa un factor recordante o ejercicio despertador. Una de muchas sugerencias es:

2. A coin in the shoe.
Put a coin, the larger the better, in your shoe for a full week. If you change shoes, move the coin. If necessary, tape it to the inside of your shoe.

2. Una moneda en el zapato.
Pon una moneda, mientras más grande mejor, en tu zapato, por una semana completa. Si cambias de zapatos cambia la moneda a esos zapatos. Si es necesario, pégala por dentro de tu zapato con cinta adhesiva.

Sensing the coin from time to time as you progress through the week, serves as your reminder to self-observe. Perhaps you would confine your observations and awareness to your left hand for no more than 3 or 4 minutes. Any additional time might tend to annoy the machine and diminish our efforts. So, keep it easy.

El Sentir la moneda de vez en vez conforme progresa la semana, sirve como tu recordador para auto-observarte. Tal vez limita tus observaciones y tu darte cuenta a tu mano izquierda y por no más de 3 ó 4 minutos. Cualquier tiempo adicional podría tender a molestar a la máquina y disminuir nuestros esfuerzos. Así que, llévatela ligera.

NOTE 1: I encourage you to remember the predictable interference of the ego,* your self-will,* which might suggest your efforts to be pointless or too time consuming. More often than not, the interference by the machine suggests avoiding The Work. Remember we need to subjugate* our tiny wills to our Higher Will*, in order to induce the personality* to serve Essence*. After all, it is this Higher Will that we wish to be fully present in our daily life. That is the point of this school and our studies.

NOTA 1: Te animo a recordar la interferencia predecible del ego*, tu auto-voluntad*, que podría sugerir que tus esfuerzos carecen de sentido o que consumen demasiado tiempo. Muchas veces, la interferencia de la máquina sugiere evadir El Trabajo. Recuerda que necesitamos subyugar* nuestras pequeñas voluntades a nuestra Voluntad Superior*, para inducir a la personalidad a servir a la Esencia*. Después de todo, es esta Voluntad Superior la que deseamos que esté totalmente presente en nuestra vida diaria. Ese es el punto de esta escuela y de nuestros estudios.

Your assignment: take the time to really "do" with intention. Create exercises and put them to use, taking time to record your experiences and findings in your journal. Just do it. Subjugate your many tiny wills to the Work. Do this, and you have really started "Doing."

Tu tarea: tómate el tiempo para realmente "hacer" con intención. Crea ejercicios y ponlos en práctica, tómate tiempo para registrar tus experiencia y descubrimientos en tu diario. Simplemente hazlo. Subyuga tus muchas mini-voluntades al Trabajo. Has esto, y habrás realmente empezado a "Hacer".

CHAPTER THREE
CAPÍTULO TRES

3. The worse the conditions of life, the more productive the work, always provided you remember the work.

3. Mientras más adversas sean las condiciones de la vida, más productivo es el trabajo, siempre y cuando recuerdes el trabajo.

Throughout life, we all occasionally experience difficult moments. Such are the conditions of life. From this understanding comes Aphorism 3, admonishing us to remember and apply the work. In doing so, it is indicated that, through difficulties, more productivity generally follows. More often than not, most people get caught up in useless suffering as they try to change the unchangeable

. . . whether it is the boss, the president, the weather, pollution, etc.

A través de la vida, todos experimentamos ocasionalmente momentos difíciles. Esas son las condiciones de la vida. De esta comprensión viene el Aforismo 3, exhortándonos a recordar y aplicar el trabajo. Al hacerlo, es indicado que, a través de las dificultades, generalmente sigue más productividad. Muy frecuentemente, la mayoría de la gente queda atrapada en sufrimiento inútil, conforme tratan de cambiar lo incambiable… ya sea a su jefe, al presidente, el clima, la contaminación, etc.

But by remembering the work, we turn our attention inward, rather than focusing on the outer conditions that have somehow become "worse." Rather than following the previously established paths of trying to change the unchangeable, we find balance and serenity as we Self-Observe and Self-Remember.

Pero al recordar el trabajo, giramos nuestra atención hacia nuestro interior, en lugar de enfocarnos en las condiciones externas que de alguna manera se han vuelto "peores". En lugar de seguir los senderos previamente establecidos de tratar de cambiar lo incambiable, encontramos equilibrio y serenidad conforme nos Auto-Observamos y nos Recordamos a nosotros mismos.

Self-Remembering has everything to do with the "I Am" that is the real you, and nothing to do with the machine and its body. It is precisely about YOU, as the Real Passenger of the body, not as the driver, but as the Master of the Carriage*. More over, as the one that can be aware of the body, of the reactions of the machine, as the one that begins emerging as the Observer, to be transformed step by step into the Deputy Steward*, then the Steward* and finally The Master*.

El Recuerdo de Sí, ó Auto-recuerdo tiene que ver todo con el "Yo Soy" que es el real Tú, y que no tiene nada que ver con la máquina y su cuerpo. Es precisamente acerca de ese TU, acerca del Pasajero Real del cuerpo, no del cochero, sino el Amo del Carruaje*. Más aún, como el que puede estar consciente del cuerpo, de las reacciones de la máquina; como el que empieza a emerger como el Observador para ser transformado paso a paso en el Mayordomo Suplente*, después en el Mayordomo* y finalmente en el Amo*.

Accordingly, it is fruitful for us to thank the conditions of life as they appear. We do so from the perspective of being grateful for yet another opportunity to work and grow within. So as soon as the remembering factor generates the memory, be Thankful and Work Self-Remembering.

De conformidad con lo mencionado, es fructífero para nosotros el agradecer las condiciones de la vida conforme aparecen. Lo hacemos desde la perspectiva de estar agradecidos por otra oportunidad para trabajar y crecer interiormente. Así tan pronto como el factor recordante genere la memoria, siéntete Agradecido y Trabaja Recordándote.

Here is our second awakening exercise:

Aquí está nuestro segundo ejercicio despertador:

3. *Wear your wristwatch in the other wrist.*

If you regularly wear your wristwatch in the left wrist, change it to the right one, or vice versa. Each time you check the time... shock!* ... the watch isn't there! That is going to make you remember something isn't it? Ah yes! It is going to make you remember to "remember yourself," asking yourself: Am I here? Did I believe I was the machine? What was the machine doing? This exercise prompts you to stop and be aware of yourself and your state. It leads us to evaluate if we can observe impartially, without judgments.

3. Usa tu reloj de pulsera en la otra muñeca.

Si regularmente usas tu reloj en la muñeca izquierda, cámbialo a la derecha o viceversa. Y cada vez que trates de ver la hora... ¡sorpresa!*... ¡el reloj no está allí!... entonces... ¿eso te iba a hacer recordar algo no? ¡Ah sí! Te iba a hacer recordar recordarte a ti mismo, así que... ¡Alto! Pregúntate: ¿Estoy aquí? Este ejercicio nos impulsa a detenernos y a estar conscientes de nosotros mismos y de nuestro estado. Nos conduce a evaluar si podemos observar imparcialmente, sin juicios.

Second exercise: Sense your right hand. For as long as possible, stay aware of the whole sensations of your right hand. Notice how long you can stay aware of these sensations. If you forget, which usually happens in the beginning as one works on oneself, mentally assign exercise one (your watch) as that that reminds you to stop and observe the sensations in your right hand. Additionally, it is suggested that you keep records of the frequency and duration of your self-observation moments.

Segundo ejercicio: siente tu mano derecha. Tanto como sea posible, mantente consciente de todas las sensaciones de tu mano derecha. Observa qué tanto tiempo puedes estar consciente de estas sensaciones. Si se te olvida, lo que usualmente sucede al comienzo conforme uno trabaja en uno mismo, mentalmente asígnate el ejercicio uno (tu reloj) como eso que te recuerda el detenerte y observar las sensaciones de tu mano derecha. Adicionalmente, se sugiere que lleves un registro de la frecuencia y duración de tus momentos de auto-observación.

NOTE 2: In the book The Psychology of Mans' Possible Evolution, by P.D. Ouspensky, we find that consciousness has certain specific characteristics;

it has duration, frequency, and depth. The duration is the time that you can spend, for example, sensing your hand. The frequency would be the amount of times you spend sensing it, and the depth is the amount of details you can observe while sensing it, for instance the palm of one's hand and the back of one's hand, or the fingers and the palm of one's hand, or the fingernails and fingertips, or the veins and blood flow, or everything at the same time, etc.

NOTA 2: En el libro La Psicología de la Posible Evolución del Hombre de P.D. Ouspensky, encontramos que la conciencia de sí, tiene ciertas características específicas: tiene duración, frecuencia y profundidad. La duración es el tiempo que puedes usar, por ejemplo, sintiendo tu mano. La frecuencia sería la cantidad de veces que la puedes sentir. Y la profundidad es la cantidad de detalles de los que puedes darte cuenta mientras la sientes; como la palma y el dorso de nuestra mano, o los dedos y la palma, o las uñas y las yemas de los dedos, o las venas y el flujo sanguíneo, o cualquier cosa al mismo tiempo, etc.

CHAPTER FOUR
CAPÍTULO CUATRO

4. Remember yourself always and everywhere.

4. Recuérdate siempre y en todo lugar

In this Aphorism, Mr. Gurdjieff directs us to "always and everywhere" remember ourselves. How can we accomplish this?

En este Aforismo, el Señor Gurdjieff nos dirige a recordarnos a nosotros mismos, "siempre y en todas partes". ¿Cómo podemos lograr esto?

First we must remember what it is that we need to remember.

Primero debemos recordar qué es lo que necesitamos recordar

In the Fourth Way, we use the metaphor of "The Carriage" to have a clearer idea of what is missing from the picture of our total being: the presence of The Master.

. En el Cuarto Camino usamos la metáfora de "El Carruaje" para tener una idea más clara de lo que está faltando en la foto de nuestro ser total: la presencia del Amo.

Remembering that the box of the carriage represents the physical body with

its instinctive and moving centers, the horse represents the emotional center and the coachman represents the intellectual center, the picture depicts a functioning human biological machine.

Recordando que la caja del carruaje representa el cuerpo físico con su centro instintivo y motriz; el caballo representa el centro emocional y el cochero representa el centro intelectual, la imagen describe una máquina biológica humana funcionando.

It matters not that this carriage (our machine) doesn't have the Master giving instructions to its coachman. It works on its own. It eats, it moves, it goes shopping, it has discussions, it gets infatuated with other machines, it gets married, it gets divorced, it has children and educates them similarly to itself. It finds employment; it forms football teams, politics parties, religious groups, etc., etc. Isn't it amazing?

No importa si este carruaje (nuestra máquina) no tiene al Amo dando instrucciones al cochero. Funciona por si misma. Come, se mueve, va de compras, discute, se enamora de otras máquinas, se casa, se divorcia, tiene hijos y los educa de manera similar a si misma, encuentra empleo, forma equipos de fútbol, partidos políticos, grupos religiosos, etc., etc. ¿No es asombroso?

But, where is the Master? What happened to the Master? How can this be?

Pero, ¿En dónde está el Amo? ¿Qué le pasó al Amo? ¿Cómo llegó esto a suceder así?

As expressed in Russell Smith's book, 'Gurdjieff: Cosmic Secrets', our ancestors needed to be "awake" by necessity. Compared to today's social structure, they weren't able to leave their caves to go grocery shopping. They had to go out into the forests and jungles to locate their own food, whether it was fruit or small animals.

Como es expresado en el libro de Russell Smith, 'Gurdjieff: Secretos Cósmicos', nuestros ancestros necesitaron estar "despiertos" por necesidad. Comparados con nuestra estructura social actual, ellos no podían dejar sus cuevas e ir a la tienda de compras. Tenían que salir al bosque y a la jungla para localizar su propia comida, ya fuera fruta o pequeños animales.

The necessity to be "awake" was a result of the difficulty in hunting for food, all the time trying to avoid being hunted themselves as meals for dinosaurs or perhaps Saber-toothed cats. This required total control of their machines' five senses simply to survive.

La necesidad de estar "despiertos" era resultado de la dificultad para cazar su comida, tratando todo el tiempo de evitar ser cazados como alimento de dinosaurios o tal vez tigres dientes de sable. Esto requería un control total de los cinco sentidos de sus máquinas, simplemente para sobrevivir.

With this in mind, it is very possible that our ancestors developed themselves to the degree of having a unified being, with total function of their Higher Emotional Center. This would have resulted from the unification of the Instinctive Center, the Moving Center and the Emotional Center.

Con esto en mente, es muy posible que nuestros ancestros se desarrollaron hasta el grado de tener un ser unificado, con funcionamiento total de su Centro Emocional Superior. Esto habría resultado de la unificación de su Centro Instintivo, su Centro Motor y su Centro Emocional.

Imagine, being in this situation after several days of exceptional efforts and close calls, sitting around a bonfire reflecting on one's odyssey. At some point the pondering likely leads to examining one's REASONS TO BE

Imagínate estando en esta situación, después de varios días de esfuerzos excepcionales y al borde del peligro, sentado alrededor de una fogata y reflexionando acerca de tu odisea. En algún punto seguramente la deliberación conduciría a examinar NUESTRA RAZÓN DE SER.

As might be expected, this reasoning eventually leads to self preservation conclusions, such as building fortresses for protecting themselves from the attack of dangerous animals and most probably, the killing of most of those animals.

Como podría esperarse, este razonamiento eventualmente conduce a las conclusiones de auto-preservación, tales como la construcción de fortalezas para protegerse del ataque de animales peligrosos y muy probablemente, a la matanza de la mayoría de esos animales.

Eventually, after centuries our ancestors were able to have the security of an almost completely safe environment. It is unfortunate that in the 21st century, we have no need to hunt, resulting in no need to develop the whole potential of our lower centers. Our Instinctive, Moving and Emotional Centers, have gone underdeveloped having no necessity to unify together. So, they function independently one from another, and our potential for developing the Higher Emotional and Higher Mental Centers, and with them, establishing the Presence of the Master.... Disappeared!

A la larga, después de siglos, nuestros ancestros fueron capaces de tener la seguridad de un ambiente casi totalmente seguro. Es desafortunado que en el siglo 21, no tengamos más la necesidad de cazar, resultando en la falta de necesidad de desarrollar el potencial total de nuestros centros inferiores. Nuestros centros Instintivo, Motor y Emocional se han quedado subdesarrollados y sin la necesidad de unificación. Así que, funcionan independientemente el uno del otro y nuestro potencial para desarrollar los Centros Emocional y Mental Superiores y con ellos el establecimiento de la Presencia del Amo… ¡Desaparecieron!

Now we can get our food with no effort. Now we have no need to sacrifice ourselves to save somebody. Now we have so many activities in our daily lives that we have "no time" for pondering, and attain neither the properties of the Higher Emotional Center –conscience- nor the ones from the Higher Mental –Impartiality and Objective Reason.

Ahora podemos obtener nuestra comida sin esfuerzo. Ahora no tenemos necesidad de sacrificarnos por salvar a alguien. Ahora tenemos tantas actividades en nuestra vida cotidiana que no tenemos "tiempo" para ponderar; y por lo tanto, no podemos obtener ni las propiedades del Centro Emocional Superior –conciencia- ni las del Mental Superior –Imparcialidad y Razón Objetiva.

As for this fourth Aphorism, the question arises what is this "Self-Remembering" stuff? It is the state of consciousness resulting from the simultaneous participation of the instinctive, moving and emotional centers. It is the Presence of the Steward. It is the state of consciousness generated by the

Higher Emotional Center. It is the also named Third State of Consciousness.

Y entonces para este cuarto Aforismo, la pregunta que levanta es: ¿qué es esta cosa del "Recuerdo de Sí"? Es el estado de conciencia que resulta de la participación simultánea de los centros instintivo, motriz y emocional. Es la Presencia del Mayordomo. Es el estado de conciencia generado por la creación del Centro Emocional Superior. Es el llamado tercer estado de conciencia.

So Who am I? I am the one who is going to become The Master of the Carriage, the Passenger, the I AM. This begins to develop when the Observer starts being the witness of the machine.

¿Y entonces? ¿Quién Soy? Soy el que se está volviendo El Amo del Carruaje, El Pasajero, El Yo Soy que empieza a desarrollarse cuando el Observador comienza a ser el testigo de la máquina.

Therefore, we need an exercise to remind us to remember ourselves. Remembering that I am not what I am viewing, but the one that is growing through the exercise of detaching consciously from what I see, from what I witness. For that reason, let's use a new awakening exercise:

Por lo tanto, necesitamos un ejercicio que nos recuerde el recordarnos a nosotros mismos. Recordando que Yo no soy lo que estoy viendo, sino lo que está creciendo a través del ejercicio de desapegarme conscientemente de lo que veo, de lo que atestiguo. Por esta razón, usemos un nuevo ejercicio despertador:

4. *Carry a pebble in your hands, all day long.*
Pick up a pebble from anywhere; try to choose one that you really like. Think that it is going to represent Your Attention! So pick up one that represents it to you.

4. Trae contigo una piedrecilla, durante todo el día.
Recoge una piedrecilla de cualquier parte; trata de escoger una que realmente te guste. Piensa que ella va a representar ¡Tu Atención! Así que recoge una que la represente para ti.

Once you have it, sense its weight, its form, color, texture etc. Try to perceive as many details of it as you can. Smell it, wash it and taste it if you wish, etc. Then, the exercise is to keep that pebble representing your attention, in your hand, all day long! Try not to lose it! Remember it represents your Attention!

Una vez que la tengas, siente su peso, su forma, color, textura, etc., trata de percibir todos los detalles que puedas. Huélela, lávala y prueba si tiene algún sabor, si deseas, etc. Luego, el ejercicio es mantener esa piedrecilla --que representa tu atención— ¡todo el día en tu mano! ¡Trata de que no se te pierda! ¡Recuerda que representa tu Atención!

During the day observe yourself, and watch where you are putting your attention: externally and inwardly! If possible, keep a record of the moments in which you are aware of it.

Durante el día obsérvate, y observa en donde estás poniendo tu atención; ¡externamente e internamente! Mantén un registro, si es posible, de los momentos en los que te das cuenta.

And now… having your attention in place, remember yourself! Sense the machine, watch its thought associations, watch its emotions, and change nothing! Just witness how it is, what it does, how does it behave, and collect the information. In future chapters we will see what to do with this information.

Y ahora… con tu atención colocada, ¡recuérdate a ti mismo! Siente la máquina, observa sus asociaciones de pensamientos, observa sus emociones, y ¡no cambies nada! Simplemente atestigua cómo es, qué hace, cómo se comporta, y reúne la información. En capítulos futuros veremos que hacer con esta información.

CHAPTER FIVE
CAPÍTULO CINCO

5. *Remember you come here having already understood the necessity of struggling with yourself, only with yourself; therefore thank anyone who gives you the opportunity.*

5. Recuerda que has venido aquí habiendo entendido ya la necesidad de luchar contigo mismo, solo contigo mismo; por lo tanto agradece a todo aquel que te de la oportunidad.

In our normal sleeping state, meaning the state of vigil, our machines most often are focused externally. So focused, we are usually trying to correct others, instead of learning how to work on transforming ourselves.

En nuestro estado normal de dormidos, es decir el estado de vigilia, nuestras máquinas están enfocadas más frecuentemente en lo exterior. Tan enfocada que usualmente tratamos de corregir a otros, en lugar de aprender cómo trabajar para transformarnos nosotros mismos.

Nevertheless this aphorism speaks to "the necessity of struggling with yourself," indicating an essential and fundamental effort that is impossible to avoid, escape or resist. In fact, Gurdjieff felt "struggling with yourself" to be imperative and indispensable to being fully "awake" and really alive.

Sin embargo, este aforismo dice: "la necesidad de luchar contigo mismo"; lo que indica un esfuerzo esencial y fundamental que es imposible evitar, escapar o resistir. De hecho, Gurdjieff sintió que la idea de "luchar con uno mismo" es imperativa e indispensable para empezar a "despertar" totalmente y estar realmente vivos.

And what is it that needs to be alive? We know that the physical body is alive for itself. It satisfies its need to breath, eat, eliminate, etc., on its own. So, what "struggling" do we need to accomplish to be fully awake and alive? And, why is it important?

¿Y qué es esto que necesita estar vivo? Sabemos que el cuerpo físico está vivo por si mismo. Él satisface su necesidad de respirar, comer, eliminar, etc., por si mismo. Así que ¿qué "lucha" necesitamos lograr para estar totalmente despiertos y vivos? ¿Y, por qué es tan importante?

The focus of our "struggle" has to do with the growth and evolution of the Higher Presence in our machine; the one that will eventually be The Master, the owner of the carriage and leader of our Mental Body.

El foco de nuestra "lucha" tiene que ver con el crecimiento y evolución de la Presencia Superior en nuestra máquina; aquella que eventualmente llegará a ser el Amo, el propietario del carruaje y líder de nuestro Cuerpo Mental.

We know that through the expression of negative emotions we are loosing the energy-food that would feed these higher bodies. And we also know that there are other leaking energy factors that also exhaust this energy; such as negative imagination, useless talk, inner dialog, unconscious muscular movements, lying, and inner considering,

Sabemos que mediante la expresión de emociones negativas estamos perdiendo la energía-alimento que podría alimentar estos cuerpos superiores. Y sabemos también que hay otros factores de fuga de energía que también agotan esta energía, tales como: la imaginación negativa, la charla inútil, el diálogo interno, los movimientos musculares inconscientes, la mentira y la consideración interna.

So, what kind of struggling should we be practicing? Answer: those that are internal, meaning within ourselves. A few examples might be the struggle not to express negative emotion, the struggle not to lie to yourself. It could be not to inner consider, not having inner dialogs, not talking uselessly. It would be not to allow unconscious muscular movements, and the struggle to stop negative imagination.

Así que, ¿qué clase de lucha deberíamos estar practicando? Respuesta: Las que son internas, es decir, con nosotros mismos. Unos cuantos ejemplos podrían ser la lucha por no expresar emoción negativa, la lucha por no mentirnos. Podría ser no considerar internamente, no tener diálogos internos, no hablar innecesariamente. Podría ser no permitir movimientos musculares inconscientes, y la lucha por parar la imaginación negativa.

*Accordingly, let's start with the struggle to put aside negative emotions. We have been told that there are **three kinds of negative emotions**[6]. First, the light-minded ones easily left unexpressed. With these, we just stay quiet, impartially watching the emotion in the body, and specifically AVOIDING SAYING "I, ME" OR "MY" to whatever is happening in ourselves.*

Por lo tanto iniciemos con la lucha por poner de lado las emociones negativas. Se nos ha dicho que hay **tres tipos de emociones negativas**: las ligeras, que fácilmente pueden no expresarse. Con estas simplemente nos quedamos callados, observando imparcialmente la emoción en el cuerpo, y específicamente evitando DECIR "YO, MI ó ME", a lo que está ocurriendo.

As an example, I remember sitting at the table in the dining room, discovering my soup was too salty! ... A shock for the instinctive center! Immediately the instinctive queen* connects mistakenly with the emotional queen* and voila! Usually there is a magic word that triggers my negative emotions... and the word is: SHIT!!! The negative emotion was triggered because of the immediate judgment that "the soup shouldn't be this salted! ...this is wrong! ... This is bad!

Como ejemplo puedo recordar estar sentado a la mesa del comedor, descubriendo que ¡la sopa estaba salada!… ¡Sorpresa para el centro instintivo!

---

6   *We will be mentioning the next negative emotions in the coming exercises.*
Estaremos mencionando las siguientes emociones negativas en los ejercicios que vienen.

De inmediato la reina instintiva se conecta erróneamente con la reina emocional y ¡Voila! Usualmente está esta palabra mágica que dispara nuestras emociones negativas… y esta palabra es: ¡¡¡CHIN!!! Entonces se dispara la emoción negativa, pues el juicio inmediato es: "¡la sopa no debería estar salada!… ¡eso está equivocado!… ¡eso está mal!"

I then realized that it was the machine that was upset, and not ME! That it was reacting to light negative emotion and needed to be stopped, the Observer within focused on the machine's negative emotion and it started to dissipate! The machine was stopped! And the experience allowed me to witness the dissipation of the negative emotion.

Entonces me di cuenta que fue la máquina la que estaba molesta y no ¡YO! Que era ella la que estaba reaccionando a la emoción negativa ligera y necesitaba ser detenida, el Observador interior se enfocó en la emoción negativa de la máquina y dicha emoción ¡comenzó a disiparse! ¡La máquina fue parada! Y la experiencia me permitió atestiguar la disipación de la emoción negativa.

Later on we will understand that although this was a great experience, it is not yet the famous "transformation of emotions" but just a beginning process of changing of the emotion into higher Presence. And this is possible to affirm because the new emotional state was really different and positive.

Más adelante comprenderemos que aunque esta fue una gran experiencia, no es todavía la famosa "transformación de emociones" sino simplemente un proceso inicial de cambio de la emoción en Presencia superior. Y esto es posible afirmarlo porque el nuevo estado emocional fue realmente diferente y positivo.

Let's use another reminding factor to remember to work with the light negative emotions:

Usemos otro factor recordante para recordar trabajar con las emociones negativas ligeras:

4. *Avoid saying "I" when talking.*

In this exercise, we need to remember the concept of our many "I's," the multiple perspectives that run the inner dialogs with ourselves. Perhaps one "I" wishes something and others "I's" wish something else. Remember, as we are right now, we do not have a permanent "I" serving as The Master. Therefore, every moment in which you catch yourself saying the word "I", stop briefly and self-observe. Sense some aspect of your machine, perhaps your feet. Always remember that the Work must be done unnoticed by others!

5. Evita decir "yo" al hablar.

En este ejercicio necesitamos recordar el concepto de los muchos "yoes". Las múltiples perspectivas que ponen a funcionar los diálogos internos en nosotros. Tal vez uno de los "yo" desea algo y otros "yoes" desean algo más. Recuerda que como somos ahora, no tenemos un "Yo" permanente que sirva como El Amo. Por lo tanto, cada momento en el que te caches diciendo la palabra "yo", detente brevemente y auto-obsérvate. Siente algún aspecto de tu máquina, tal vez tus pies. Siempre recuerda que el Trabajo debe pasar ¡inadvertido para otros!

NOTE 2. When realizing you said "I", don't apologize! Don't say anything! Simply continue to self-observe! We shouldn't fall into inner considering*. The purpose is to bring consciousness to our life, not a feeling of guilt or embarrassment.

NOTA 2. Cuándo te des cuenta que dijiste "yo", ¡no te disculpes! ¡No digas nada! Simplemente ¡continúa auto-observándote! No deberíamos caer en consideración interna*. El propósito es traer conciencia a nuestra vida, no un sentimiento de culpa o de vergüenza.

CHAPTER SIX
CAPÍTULO SEIS

6. *Here we can only direct and create conditions but not help.*
6. Aquí solo podemos dirigir y crear condiciones pero no ayudar.

In Mr. Gurdjieff's brilliance, he realized that Self-Help was the only way to assure transformation. Therefore, efforts for transformation must be performed for ourselves and nobody else. Real understanding comes through confrontation with our Self and our belief systems.

En la lucidez del Señor Gurdjieff, se dio cuenta que la Auto-Ayuda era la única forma de asegurar la transformación. Por lo tanto, los esfuerzos por la transformación deben ser llevados a cabo por nosotros mismos y nadie más. La comprensión real viene a través de la confrontación con nuestro Ser y con nuestros sistemas de creencias.

Given these standards, the only possibility available is in becoming a student of the Fourth Way. Additionally, depending on our own transformation and understanding, the only thing we can do for others is to direct and guide them through the Fourth Way exercises for them to make their own verifications. The veracity of the changes that Fourth Way exercises can generate allow for creating conditions, gymnasiums, workshops, situations, and circumstances, to test one's being.

Dados estos estándares, la única posibilidad disponible es volvernos estudiantes del Cuarto Camino. Además, dependiendo de nuestra propia transformación y comprensión, lo único que podemos hacer por otros es dirigirlos y guiarlos a través de los ejercicios del Cuarto Camino para que ellos hagan sus propias verificaciones. La veracidad de los cambios que los ejercicios del Cuarto Camino pueden generar, nos permite crear condiciones, gimnasios, talleres, situaciones y circunstancias para probar nuestro ser.

To this end, Mr. Gurdjieff built a series of circumstances and situations for students to use the teachings he was presenting. One such exercise is called; "An Intensive Work Day --weekend, week, or any set period of time". In this exercise, students gather at a definite place or property to spend the designated time together, doing the things needed to be done on that property (gardening, walls painting, cleaning, cooking, repairing, planning, translating, etc.). This exercise may vary from School to School.

Para este fin, el señor Gurdjieff creó una serie de circunstancias y situaciones para que los estudiantes usaran las enseñanzas que les presentaba. Uno de tales ejercicios es llamado: "Un Día de Trabajo Intensivo –un fin de semana, una semana, o cualquier periodo establecido de tiempo". En este ejercicio, los estudiantes se reúnen en un lugar definido o en alguna propiedad para pasar el tiempo designado juntos, haciendo las cosas necesarias que se necesitan hacer en dicha propiedad (jardinería, pintado de paredes, limpieza, cocinar, reparar, planear, traducir, etc.). Este ejercicio puede variar de Escuela en Escuela.

At our School in Puerto Vallarta, all visitors are personally taught by our advanced students and me. Each one is guided through several revealing exercises and books, including Russell's book "Gurdjieff: Cosmic Secrets" and lead to understand the Laws of World Creation and World Maintenance. Prior conditions must be met in preparing to visit our School, and one must make a reservation in advance. Although there is no charge for the "one on one" teaching, a formal reservation is required, and a contribution for your expenses.

En nuestra Escuela en Puerto Vallarta, todos los visitantes son enseñados personalmente por nuestros estudiantes avanzados y por mí. Cada uno es guiado a través de varios ejercicios y libros reveladores, incluyendo el libro de Russell "Gurdjieff: Secretos Cósmicos" y conducido para comprender las Leyes de la Creación del Mundo y del Mantenimiento del Mundo. Condiciones previas deber ser satisfechas para prepararse para la visita a nuestra Escuela y uno debe hacer una reservación por anticipado. Aunque no hay ningún cargo por la enseñanza "uno a uno", una reservación formal es requerida, así como una contribución para tus gastos.

The teaching is a starting point based on the "Third Obligolnian Striving" as* *mentioned by Gurdjieff in his book: "All and Everything (Tales of Beelzebub to his Grandson)".*

La enseñanza es un punto de comienzo basado en el "Tercer Esfuerzo Obligolniano"* como es mencionado por Gurdjieff en su libro: "De Todo y Todas las Cosas (Relatos de Belcebú a su Nieto)".

The First Striving is: "The Striving to have in their ordinary being-existence everything satisfying and really necessary for their planetary body."

El Primer Esfuerzo es: "El Esfuerzo por tener en su existencia ordinaria del ser, todo lo realmente necesario y satisfactorio para su cuerpo planetario."

With this Striving, we understand the idea of having our basic needs fulfilled, meaning: food, shelter and general physical comfort. Only after having these basic needs satisfied it is possible to focus in the second Striving:

Con este Esfuerzo entendemos la idea de tener nuestras necesidades básicas satisfechas, es decir: comida, vestido, y comodidad física general. Únicamente después de tener estas necesidades básicas satisfechas es posible enfocarse en el segundo Esfuerzo:

The Second Striving: "To have a constant and unflagging instinctive need for self-perfection in the sense of being."

El Segundo Esfuerzo: "Tener una necesidad instintiva constante e infatigable por el auto-perfeccionamiento en el sentido del ser."

This Second Striving is possible only after having satisfied the First Striving, because a hungry person, a person that is extremely cold, without enough clothing to resist cold weather or a heavy rain storm, most probably won't have the slightest wish to look for self-perfection. That is why only after having the First Striving fulfilled, the Second Striving can even be considered.

Este Segundo Esfuerzo es posible únicamente después de tener satisfecho el Primer Esfuerzo, porque una persona hambrienta, una persona que tiene un frío extremo, sin suficiente abrigo para resistir el clima frío o una dura tormenta de lluvia, lo más probable es que no tendrá el más mínimo deseo de auto-perfección. Ese es el porqué únicamente después de tener el

Primer Esfuerzo satisfecho, que el Segundo Esfuerzo puede ser considerado.

The Second Striving is defined by genuinely desiring to evolve, to transform one's self. This genuine desire helps point one in the appropriate direction, but it requires a constant and persistent search for more perfection and freedom from one's inexactitudes.

El Segundo Esfuerzo está definido al desear genuinamente evolucionar, transformarnos. Este deseo genuino ayuda a ponernos en la dirección apropiada, pero requiere una búsqueda constante y persistente de más perfección y libertad de nuestras inexactitudes.

The problem many experience in looking for self-perfection is that it is simply a faint wish, rather than a constant, unflagging desire. The curious thing about their weak search is that they most often jump directly to the Fifth Striving: "The striving always to assist the most rapid perfecting of other beings..."

El problema que muchos experimentan al buscar la auto-perfección es que simplemente tienen un deseo débil, en lugar de un deseo constante e infatigable. Lo curioso acerca de su búsqueda débil es que frecuentemente se saltan directamente al Quinto Esfuerzo "El esfuerzo por asistir al más rápido perfeccionamiento de otros seres…"

Why is it that they attempt to teach or assist others in perfecting themselves, when their own Second Striving is feebly and weakly attempted? And more concerning, why do they dare to teach when they, themselves have not struggled intensely enough with the Third Striving?

¿Por qué es que intentan enseñar o asistir a otros a perfeccionarse, cuando su propio Segundo Esfuerzo es flojo y débilmente intentado? Y más a fondo, ¿por qué se atreven a enseñar cuando ellos mismos no han luchado de manera suficientemente intensa con el Tercer Esfuerzo?

Often, Fourth Way students are tempted to avoid this Striving, because it is complicated. Yet, it is important to point out that this Third Striving has been one of the primary focuses of our most recent teachings. This Third Striving admonishes:

Frecuentemente, estudiantes del Cuarto Camino son tentados a evitar este Esfuerzo, porque es complicado. Sin embargo, es importante señalar que este Tercer Esfuerzo ha sido el enfoque primario de nuestras más recientes enseñanzas. Este Tercer Esfuerzo nos dice:

"The Conscious striving to know ever more and more concerning the laws of World-creation and World-maintenance."

"El esfuerzo consciente por saber cada vez más y más de lo concerniente a las leyes de la creación-del-Mundo y del mantenimiento-del-Mundo."

And Mr. Smith says: "Our study into the objective truths ["dogs"] buried in Gurdjieff's writings must begin with the third striving: for it is the only striving that can remain objective throughout." And why is this? Because it is the only one mentioned by Mr. Gurdjieff as: "The Conscious Striving…"

Y el señor Smith dice: "Nuestro estudio dentro de las verdades objetivas ["perros"] enterradas en los escritos de Gurdjieff deben empezar con el tercer esfuerzo; porque es el único esfuerzo que puede permanecer objetivo de principio a fin." ¿Y por qué es esto así? Porque es el único mencionado por el señor Gurdjieff como: "El esfuerzo consciente…"

With that in mind, to qualify to attend the "one on one" sessions at either Sanger, Texas or in Puerto Vallarta, or in England and to truly come to an awakened consciousness through the awakening process, you need to at least have read at least three of the Fourth Way books listed here:

Con eso en mente, para ser calificado para atender las sesiones "uno a uno" ya sea en Texas, en México o en Inglaterra, y verdaderamente llegar a esta conciencia despierta a través del proceso del despertar, necesitas haber leído al menos tres de los libros del Cuarto Camino enlistados a continuación:

1. The Psychology of Man's Possible Evolution. By Ouspensky
2. In Search of the Miraculous. By Ouspensky
3. The Fourth Way. By Ouspensky
4. Views from the Real World. By Gurdjieff.
5. Psychological Commentaries on the Teachings of Gurdjieff and Ouspensky. By Maurice Nicoll.
6. All and Everything (Tales of Beelzebub to his grand son) By Gurdjieff.
7. Life is real only then when I am. By Gurdjieff.
8. Meetings with Remarkable Men. By Gurdjieff.
9. Gurdjieff: Cosmic Secrets. By Russell A. Smith

1. Psicología de la Posible Evolución del Hombre, de Ouspensky.
2. Fragmentos de una Enseñanza Desconocida, de Ouspensky.
3. El Cuarto Camino, de Ouspensky.
4. Perspectivas desde el Mundo Real, de Gurdjieff.
5. Comentarios psicológicos sobre las Enseñanzas de Gurdjieff y Ouspensky, de Maurice Nicoll.
6. Todo y Todas las cosas (Relatos de Belcebú a su nieto), de Gurdjieff.
7. La Vida es Real solo cuando Yo Soy, de Gurdjieff.
8. Encuentros con Hombres Notables, de Gurdjieff.
9. Gurdjieff: Secretos Cósmicos, de Russell A. Smith

In this School we have regular weekly meetings. Some students with a strong Second Striving attend more than once a week. Those students that have undergone the awakening process can attend even more meetings.

En esta Escuela tenemos reuniones semanales regulares. Algunos estudiantes con un fuerte Segundo Esfuerzo pueden asistir más de una vez por semana. Los que han experimentado el proceso del despertar pueden incluso asistir a más reuniones.

The conditions and methodology that we have, present you with a Real Opportunity for Awakening, as has been verified by over 300 students.

Las condiciones y metodología que tenemos, te presentan con una Oportunidad Real para Despertar, como ha sido verificado por más de 300 estudiantes.

We have really unearthed several dogs from Mr. Gurdjieff books and we are ready for you....if that is your desire.

Hemos desenterrado realmente varios perros de los libros del señor Gurdjieff y estamos listos para ti… si ese es tu deseo.

The facts have been verified numerous times, we have the tools, the methodology, and the recipe for you to thoroughly verify the Reality of the Awakened State in you. Beyond that lies the possibility to continue towards the permanent functioning of your Higher Emotional Center and the Higher Mental.

Los hechos han sido verificados numerosas veces, tenemos las herramientas, la metodología y la receta para que tú verifiques meticulosamente la Realidad del Estado de Despierto, en ti. Más allá se encuentra la posibilidad de continuar hacia el funcionamiento permanente de tu Centro Emocional Superior y de tu Centro Mental Superior.

Let us create these results together. Mr. Ouspensky states in his book "The Psychology of Man's Possible Evolution" that if you present any one on the street with the question: "Are you awake?" At that moment precisely, that person will be awake! Of course not at the level we wish to be, but at least as a starting point.

Creemos juntos estos resultados. El señor Ouspensky afirma en su libro: "La Psicología de la Posible Evolución del Hombre" que si le haces a cualquier persona en la calle la pregunta: "¿Estás despierto? En ese momento precisamente, esa persona ¡estará despierta! Por supuesto no al nivel que deseamos estar, pero al menos como un comienzo.

6. *Ask to yourself: Am I awake right now?*

In conclusion, try this awakening exercise that keeps asking the question, "Am I awake right now?" Try it every hour on the hour, and then try to remain at that intentionally provoked state for at least 3 seconds! Count that as a YEAH! I am awake right now! Keep track of the number of times you ask yourself the question and record your success in a notebook. Good Awakening moments!!

6. Pregúntate: ¿estoy despierto ahora?

En conclusión, trata este ejercicio despertador que mantiene haciendo la pregunta: "¿Estoy despierto ahora?" Trata de hacerlo cada hora a la hora en punto, y entonces trata de permanecer en ese estado provocado intencionalmente ¡por al menos 3 segundos! Cuenta eso como un ¡Si! ¡Ahora Sí estoy despierto! Mantén un registro del número de veces que te haces la pregunta y registra tu éxito en tu diario…. ¡Felices momentos de Despertar!

You will find that to come to this incipient state of awakening is "a piece of cake," but begs the question, "How can I keep the state?" The answer to that question is what we have found and sharing it is why we are here!

Te vas a dar cuenta que llegar a este estado de despierto incipiente es juego de niños, que anticipa la respuesta a la pregunta: "¿Cómo puedo mantener el estado?" ¡La respuesta a esa pregunta es lo que hemos encontrado y compartirlo es el porqué estamos aquí!

CHAPTER SEVEN
CAPÍTULO SIETE

7. Know that this house can be useful only to those who have recognized their nothingness and who believe in the possibility of changing.

7. Sabe que esta casa puede ser útil únicamente a aquellos quienes han reconocido su nadidad y quienes creen en la posibilidad de cambiar.

In this aphorism, Mr. Gurdjieff could be telling us that we first need to recognize our nothingness. But, how can we do this? All our lives we have been taught to struggle to be somebody, and now we should recognize our nothingness?

En este aforismo el señor Gurdjieff podría estar diciendo que primero necesitamos reconocer nuestra nadidad. Pero, ¿cómo podemos hacer esto? Toda nuestra vida hemos sido enseñados a luchar por ser alguien, y ¿ahora debemos reconocer nuestra nadidad?

In the Fourth Way, we learn that we are born with Essence and we develop and acquire our Personality. Essence is all the natural being we enter life with. As a new born we have ears to hear with, eyes to see with, a nose to smell with, taste buds to taste with, etc. All this is Essence. We call these parts of Essence our Instinctive Center.

En el Cuarto Camino, aprendemos que nacemos con Esencia y que adquirimos y desarrollamos nuestra Personalidad. La Esencia es todo el ser natural con el que entramos a la vida. Como recién nacidos tenemos oído para oír, ojos para ver, una nariz para oler, papilas gustativas para saborear, etc. Todo esto es Esencia. Le llamamos a estas partes de la Esencia, nuestro Centro Instintivo.

But there is more to Essence than the Instinctive Center alone. Essence also includes the Emotional Center, and when the Moving Center, together with the Instinctive Center and the Emotional Center are integrated, they form the Higher Emotional Center, and this also is part of Essence. It is from this Essence that we experience thankfulness, appreciation, friendship, compassion, etc.

Pero hay más en la Esencia que solo el Centro Instintivo. La Esencia incluye también al Centro Emocional, y cuando el Centro Motor, junto con el Centro Instintivo y el Centro Emocional están integrados, forman el Centro Emocional Superior, y este es también parte de la Esencia. Es desde esta Esencia desde la que experimentamos agradecimiento, aprecio, amistad, compasión, etc.

When the Higher Emotional is unified, then we perceive from Essence: Real Love, Gratitude, Mercy, etc., the called Higher Emotions.

Cuando el Centro Emocional Superior está unificado, entonces percibimos desde la Esencia: Amor Real, Gratitud, Misericordia, etc. Las llamadas Emociones Superiores.

As stated earlier, Personality is the acquired part of our being. To personality belong the Moving Center, the Intellectual Center and the Higher Mental Center.

Como fue mencionado anteriormente, la Personalidad es la parte adquirida de nuestro ser. A la Personalidad pertenecen el Centro Motor, el Centro Intelectual y el Centro Mental Superior.

Note that it was mentioned that when it is unified, the Higher Emotional is formed by the Instinctive, Moving and Emotional centers. Although the Moving Center is the acquired part of the Instinctive Center, its Personality side, in becoming unified with the Emotional Center, together form the Higher Emotional Center. And that is why Mr. Gurdjieff most probably indicated to Ouspensky that we had already everything in ourselves… even the Higher Centers…. But, what he didn't indicate was that they were yet to be integrated.

Observa que fue mencionado que cuando está unificado, el Emocional Superior esta formado por los centros Instintivo, Motor y Emocional. Aunque el Centro Motor es la parte adquirida del Centro Instintivo, su lado de la Personalidad, al unificarse con el Centro Emocional, juntos forman el Centro Emocional Superior. Y ese es el porqué muy probablemente el señor Gurdjieff le indicó a Ouspensky que ya teníamos todo en nosotros… incluso los Centros Superiores… Pero lo que no le indicó es que todavía tenían que ser integrados.

ESSENCE ESENCIA	PERSONALITY PERSONALIDAD
♦ ♣ ♥ **HIGHER EMOTIONAL CENTER** **CENTRO EMOCIONAL SUPERIOR**	♠ ♦ ♣ ♥ YO SOY **HIGHER MENTAL** **CENTRO MENTAL SUPERIOR**
♥ **EMOTIONAL CENTER** **CENTRO EMOCIONAL**	♠ **INTELLECTUAL CENTER** **CENTRO INTELECTUAL**
♦ **INSTINCTIVE CENTER** **CENTRO INSTINTIVO**	♣ **MOVING CENTER** **CENTRO MOTRIZ**

Here is an example of how Personality is acquired. Through this study, we have learned that attention has different degrees. The non focused attention or dispersed attention belongs to the mechanical part of every center. The identified attention belongs to the emotional part of every center, and the controlled attention belongs to the intellectual part of every center.

He aquí un ejemplo de cómo es adquirida la Personalidad: A través de este estudio hemos aprendido que la atención tiene diferentes grados. La atención no enfocada o dispersa pertenece a la parte mecánica de cada centro. La atención identificada pertenece a la parte emocional de cada centro, y la atención controlada pertenece a la parte intelectual de cada centro.

When we were given our Instinctive Center, it started developing its attention from the mechanical part upward to the intellectual part. The intellectual portion of the Instinctive Center is the one that controls attention in the Center, especially when the sensations start becoming unbearable.

Cuando se nos dio nuestro Centro Instintivo, empezó desarrollando su atención desde la parte mecánica hacia arriba hasta la parte intelectual. La porción intelectual del Centro Instintivo es la que controla la atención en el Centro, especialmente cuando las sensaciones comienzan a volverse insoportables.

Imagine that your hand is unconsciously picking up a piece of very hot metal. At the first instant you notice nothing, perhaps because your attention is attracted by something else. But fractions of a second later, your Instinctive Center will start paying more attention to the hot temperature experienced by your hand.

Imagina que tu mano está inconscientemente recogiendo una pieza de metal muy caliente. En el primer instante no notas nada, tal vez porque tu atención está atraída por algo más. Pero una fracción de segundo después, tu Centro Instintivo comenzará a poner más atención a la temperatura caliente experimentada por tu mano.

Within a split second your Instinctive center believes it is time to control the sensation, because the hand could be harmed. Then, and only then, the controlled attention in the intellectual part of the Instinctive Center, gives way to the mechanical part of the Moving Center, so that the hand be freed of the heat.

En una fracción de segundo tu Centro Instintivo cree que ya es tiempo de controlar la sensación, debido a que tu mano podría ser lastimada. Entonces, y solo entonces, la atención controlada por la parte intelectual del Centro Instintivo le da paso a la parte mecánica del Centro Motor, de tal manera que la mano sea liberada del calor.

As you can see, the Moving Center is the acquired part thanks to the Instinctive center. It is its personality.

Como puedes ver, el Centro Motor es la parte adquirida gracias al centro Instintivo. Es su personalidad.

From this, we are able to determine that the same happens with the Emotional Center and the Intellectual Center and with the Higher Emotional and the Higher Mental Centers. For the Personality side to emerge from Essence, certain control is required.

De aquí podemos determinar que lo mismo sucede con el Centro Emocional y con el Centro Intelectual y con los Centros Emocional Superior y Mental Superior. Para que emerja el lado de la Personalidad de la Esencia, cierto control es requerido.

Now, returning to the idea of how can we recognize our nothingness. What is the acquired part of us? Correct . . . Personality! Then what we need to do is to become nobody, in order to attain nothingness! We need to achieve that personality becomes passive and allow Essence to run the game of life!

Ahora, regresando a la idea de cómo podemos reconocer nuestra nadidad. ¿Cuál es la parte adquirida en nosotros? ¡Correcto… la Personalidad! ¡Entonces lo que necesitamos hacer es volvernos nadie, para poder lograr la nadidad! ¡Necesitamos lograr que la personalidad se vuelva pasiva y permitir que la Esencia dirija el juego de la vida!

Nothingness means: No-thing-ness and this is the idea of being nothing. Usually, our personality wants to be "some-thing" in order to be some-body. When personality feels or perceives that it is "no-thing"… it believes it is worthless, it feels close to disappearing, close to losing everything, and it is true!

Nadidad significa: ninguna-cosa, y esta es la idea de ser nada. Usualmente, nuestra personalidad quiere ser "algo" para ser "alguien". Cuando la personalidad siente o percibe que es "nada"…cree que no vale nada, siente que casi desaparece, que casi pierde todo, ¡y es verdad!

The moment we make our personality stop pretending, stop trying and struggling for being something to become somebody… we are approaching the void, the "no-thing", and this is scary for personality. Personality immediately will look for ways to fill up the empty space with anything whatsoever. It will struggle like the devil to not go into the emptiness of the void.

En el momento en que hacemos que nuestra personalidad deje de pretender, deje de tratar y luchar por ser algo para volverse alguien… nos estamos aproximando al vacío, a la "nada" y esto es espeluznante para la personalidad. La personalidad inmediatamente buscará formas de llenar el espacio vacío con cualquier cosa. Luchará como diablo para no entrar en esa vacuidad del vacío.

Fortunately for us, this emptiness of the void is what we are looking for. That emptiness of the void is where nothingness resides; and this no-thing- ness is where our Real Presence can fully live, exist and manifest.

Afortunadamente para nosotros, esta vacuidad del vacío es lo que estamos buscando. Esta vacuidad del vacío es en donde reside la nadidad; y esta "nada" es en donde nuestra Presencia Real puede vivir totalmente, existir y manifestarse.

But how do we achieve this more realistically? What exercises can take us to succeed in becoming and enjoying this nothingness? The answers will be revealed in following commentaries.

Pero ¿cómo logramos esto más realistamente? ¿Qué ejercicios podemos tomar para tener éxito en volvernos y gozar de esta nadidad? Las respuestas serán reveladas en los siguientes comentarios.

In the meantime, let's use an awakening exercise to remember to prevent our personality from pretending to be somebody, and make the inflexible attempt to recognize our nothingness.

Mientras tanto, usemos un ejercicio despertador para recordar el evitar que nuestra personalidad pretenda ser alguien, y hacer el intento inflexible por reconocer nuestra nadidad.

7. Choose a time during the day for intentionally self-observe.

*Choose, a day in advance, a specific time to intentionally Self-Observe. Let's say you decide to stop for one minute, tomorrow, at 2:00 P.M. The task then would be to try to remember to be there, alive! And in order to be **alive** for that minute, you need to use as many reminding factors as you can! In a way, this is like setting alarm clocks to help you remember to Self-Observe. The challenge is to fill, precisely at 2:00 p.m., one full minute in Self-Observation. Then, at 2:00 P.M., once you know you are in the present moment, ask to yourself: Am I pretending to be somebody? Am I pretending to be something? Am I recognizing my nothingness?... and remember... report your findings and experiences to:*
quintocamino@prodigy.net.mx *or to* mayandivers44@yahoo.com

7. Escoge un momento del día para auto-observarte intencionalmente.

Escoge el día de hoy, por adelantado, un momento específico del día de mañana, para Auto-Observarte intencionalmente. Digamos que hoy decides hacer un alto por un minuto, mañana a las 2:00 P.M. La tarea entonces sería tratar de recordar estar allí, ¡vivo! Y para estar **vivo** por ese minuto, necesitas usar ¡todos los ejercicios recordantes que puedas! De cierta manera es como poner despertadores para que te ayuden a recordar el que te Auto-Observes. El reto es llenar precisamente a las 2:00 P.M. un minuto completo con Auto-Observación. Entonces, a las 2:00 P.M. una vez que sepas que estás en el momento presente, pregúntate: ¿Estoy pretendiendo ser alguien? ¿Estoy pretendiendo ser algo? ¿Estoy reconociendo mi nadidad?... y recuerda... reporta tus hallazgos y experiencias a:
quintocamino@prodigy.net.mx *ó también a* mayandivers44@yahoo.com

CHAPTER EIGHT
CAPÍTULO OCHO

8. If you already know it is bad and do it, you commit a sin difficult to redress.

8. Si ya sabes que está mal y lo haces, cometes un pecado difícil de corregir.

Most likely one might think this aphorism is quite obvious, but it does have its intricacies. First of all, we need to define what it means "to know it is bad". We need to determine the view point, the perspective from which it is expressed. Of course, the perspective leads us directly to The Work.

Muy probablemente uno podría pensar que este aforismo es bastante obvio, pero tiene sus complejidades. Ante todo, necesitamos definir lo que significa "saber que es malo". Necesitamos determinar el punto de vista, la perspectiva desde la que es expresado. Por supuesto, la perspectiva nos conduce directamente al Trabajo.

So from the Work's perspective, what is the meaning of "to know it is bad?" The most appropriate answer would be whatever goes against the right evolution of our knowledge and being. Therefore, if we know that something is going against our possibility for evolution, it is bad.

Así que desde la perspectiva del Trabajo, ¿cuál es el significado de "saber que es malo"? La respuesta más apropiada sería, cualquier cosa que vaya en contra de la correcta evolución de nuestro conocimiento y de nuestro ser. Por lo tanto, si sabemos que algo va en contra de nuestra posibilidad de evolución, es malo.

What are some examples of this? Perhaps one would be to lie about our state of consciousness, saying something like… "I am always awake" and knowing it is not the truth. That would be bad, because instead of having the possibility to make our essence grow, our ego is the one that is getting stronger.

¿Cuáles son algunos ejemplos de esto? Tal vez uno sería el mentir acerca de nuestro estado de conciencia, diciendo algo como… "Siempre estoy despierto" y sabiendo que no es la verdad. Eso sería malo, porque en lugar de tener la posibilidad de hacer que nuestra esencia crezca, nuestro ego es el que se está haciendo más fuerte.

Another example involves being aware that we are about to express a negative emotion and proceeding to allow the machine to express it, knowing that expressing negative emotions is the worse leak of energy, and that it goes against our work, against our being evolving.

Otro ejemplo involucra darnos cuenta que estamos a punto de expresar una emoción negativa y proceder permitiendo a la máquina expresarla, sabiendo que expresar emociones negativas es la peor fuga de energía y que va en contra de nuestro trabajo, en contra de nuestro ser evolucionando.

Some of the more common energy leaks might be:

Algunas de las fugas más comunes de energía podrían ser:

1. Expressing negative emotions and acting them out. This doesn't mean that we shouldn't recognize and declare that we are experiencing a negative emotion. As a matter of fact, that is what we should do, to recognize "the machine" is experiencing a negative emotion, in order to stop ourselves from acting it out.

1. Expresar emociones negativas y actuarlas. Esto no significa que no deberíamos reconocerlas y declarar que estamos experimentando una emoción negativa. De hecho, eso es lo que deberíamos hacer, reconocer que "la máquina" está experimentando una emoción negativa, para detenernos y no actuarla.

2. Lying, allowing the machine and its ego to lie in order to feel better or in order to win a point in an argument, or in order to brag about being a saint, all the time knowing it is not true. Lying, saying "I" when we know we are still in multiplicity.

2. Mentir, permitiéndole a la máquina y a su ego mentir para sentirse mejor y para ganar un punto en una discusión, o para presumir de ser un santo, sabiendo todo el tiempo que no es verdad. Mentir, diciendo "Yo" cuando sabemos que todavía estamos en multiplicidad.

3. a. Allow the machine to chatter away, talking uselessly. Allow the machine to continue its mechanical or automatic conversation, without any definite intention, prattling endlessly about anything, instead of having purposeful conversations.

3. a. Permitirle a la máquina hablar hasta por los codos, charlar inútilmente. Permitirle a la máquina continuar su conversación mecánica o automática, sin ninguna intención, parloteando interminablemente acerca de cualquier cosa, en lugar de tener conversaciones con propósito.

3. b. To allow the machine aimlessly and automatically conduct inner dialog.

3. b. Permitirle a la máquina sin meta y automáticamente el diálogo interno.

This doesn't mean that we shouldn't allow others to do that. Remember, our aim is to work on ourselves, not on other people.

Esto no significa que no deberíamos permitirles a otros hacer eso. Recuerda que nuestra meta es trabajar en nosotros mismos, no en otra gente.

4. Inner considering: Allowing the machine to get resentful at other's opinions or judgments, allowing the machine to hold resentment for what other people have done to your machine. Allow the machine to pay too much attention to others' opinions, and being controlled or manipulated by that.

4. Consideración Interna: Permitir a la máquina resentirse con las opiniones o juicios de otros, permitiendo a la máquina guardar resentimiento por lo que la otra gente le ha hecho a tu máquina. Permitirle a la máquina poner

demasiada atención a las opiniones de otros, y ser controlado o manipulado por eso.

5. Allowing uncontrolled imagination in the machine. Allowing the machine to waste time and energy in imagination, without directed intention.

5. Permitirle imaginación no controlada a la máquina. Permitirle a la máquina gastar tiempo y energía en imaginación, sin intención dirigida.

6. Allowing the machine to unconsciously perform habitual muscular movements, like fidgeting or tapping your foot endlessly, etc.

6. Permitirle a la máquina ejecutar movimientos musculares inconscientes habituales como tamborilear los dedos ó golpetear con el pie interminablemente, etc.

I think that the above listed "trip wires" represent the core of the bad things that the human machine could do, because out of this list of six comes an abundance of other transgressions that are committed.

Pienso que los "disparadores" enlistados arriba representan el núcleo de las cosas malas que la máquina humana podría hacer, porque de esta lista de seis surge una abundancia de otras transgresiones que se cometen.

For instance, let's say that we commit a physical or verbal assault on another person. Why would we do that? Perhaps to avert something worse perpetrated by the target of our assault. But, if our machine found justification for our act entirely through our uncontrolled imagination, we very possibly may be "committing a sin difficult to redress".

Por ejemplo, digamos que cometemos un ataque físico o verbal en otra persona. ¿Por qué haríamos eso? Tal vez para evitar algo peor perpetrado por el objeto de nuestro ataque. Pero, si nuestra máquina se vio justificada por un acto enteramente a través de nuestra imaginación no controlada, muy posiblemente estaríamos "cometiendo un pecado difícil de corregir".

You may ask, "What is a sin that is difficult to redress"? The word 'sin', in The Work –meaning in a Fourth Way School, means to 'deviate', to 'miss the mark', 'to become fragmented instead of unified', etc.

Podrías preguntar, "¿Qué es un pecado difícil de corregir?" La palabra 'pecado' en El Trabajo –es decir en una Escuela del Cuarto Camino— significa 'desviar' 'fallar el blanco', 'volverse fragmentado en vez de unificado', etc.

In "missing the mark" or deviating from a previously definite aim, we as "awakened" (at least occasionally) Fourth Way students find ourselves returning to our fragmented state of multiplicity, a sin that is difficult to redress.

Al 'fallar el blanco' o desviarnos de una meta previamente definida, nosotros, como estudiantes "despiertos" (al menos ocasionalmente) del Cuarto Camino, nos veremos regresando a nuestro estado fragmentado de multiplicidad, un pecado que es difícil de corregir.

And what is our aim? Again, from The Work's perspective—it is to evolve! Hence the idea is not to miss the mark, not to fall back into fragmentation, not to sin!

¿Y cuál es nuestra meta? Otra vez, desde la perspectiva del Trabajo –es ¡evolucionar! De aquí que la idea sea la de no fallar el blanco, no caer de nuevo en la fragmentación, ¡no pecar!

But why would it be difficult to redress? Can't one simply retrace the path to reawaken once again? In many situations it might be as difficult as reassembling a broken eggshell.

Pero ¿por qué sería difícil de corregir? ¿No puede uno simplemente desandar el sendero para re-despertar otra vez? En muchas situaciones podría ser tan difícil como pegar un cascarón de huevo roto.

Nothing is the same once you commit a serious sin. That is why it has been said that it is so important 'To Awaken' in order to be able 'To Die' and finally to be able 'To Be Born Again'.

Nada es lo mismo una vez que cometiste un pecado serio. Ese es el porqué se ha dicho que es tan importante 'Despertar' para ser capaces de

'Morir' y finalmente ser capaces de 'Nacer otra vez'.

Consequently, once we start evolving, once we start self-observing, which leads to recognizing our inexactitudes and potential for sin, it is vital "To Awaken." Doing so brings 'Clarity' of vision, the clarity or Real Perception, allowing us to die to those inexactitudes, using them as fuel for our evolution and rebirthing as conscious souls!

Consecuentemente, una vez que empezamos a evolucionar, una vez que empezamos a auto-observarnos, lo que nos conduce a reconocer nuestras inexactitudes y potencial para pecar, es vital "Despertar". Hacerlo así trae 'Claridad' de visión, la claridad o Percepción Real, permitiéndonos morir a esas inexactitudes, usarlas como combustible para nuestra evolución y ¡Renacer como almas conscientes!

So, let's use another awakening exercise to sharpen our ability to observe ourselves. We know that in the Fourth Way, we have the possibility to avoid expressing negative emotions. Obviously, when we express them, we know it is bad... so we should use the expressed negativity as our new reminding factor:

Así que, usemos otro ejercicio despertador para afilar nuestra habilidad para observarnos. Sabemos que en el Cuarto Camino, tenemos la posibilidad para evitar expresar emociones negativas. Obviamente, cuando las expresamos, sabemos que está mal... así que deberíamos usar la negatividad expresada como nuestro nuevo factor recordante:

8. *Using Unpleasant Emotions.*

8. Usando las Emociones Desagradables.

One of the chief tasks of a Fourth Way group or School, from my perspective,, is to work on avoiding expressing Unpleasant Emotions. But it is one thing not to express them, and another thing to suppress them. This is a big key to our evolution, because suppressing them is going to make the body ill, and could produce, in the long run, the possibility of a wrong crystallization .*

Uno de las tareas principales de un grupo o Escuela del Cuarto

Camino, desde mi perspectiva, es trabajar para evitar expresar las Emociones Desagradables. Pero una cosa es no expresarlas y otra suprimirlas. Esta es una gran clave para nuestra evolución, porque suprimirlas va a enfermar el cuerpo y podría producir, a la larga, la posibilidad de una cristalización errónea.*

*When recognizing an unpleasant emotion, whether it be annoyance, hate, boredom, resentment, jealousy, nervousness, stress, uptightness or any kind of irritation... **immediately Stop! Don't say anything! ... Don't blame anybody! ... Don't scream... Don't throw your usual tantrum! ... Don't Express the Unpleasant Emotion! ... Just...** focus your attention on the sensation produced by that unpleasant emotion. Ask yourself the following questions: Where is the sensation of this unpleasant emotion located? ... How deep under the skin is it located? ... What is the size –if it has any—of this unpleasant emotion? ... What might it weigh? Does it have a color? ... Does it move somehow? ... Does it vibrate in a certain way? ... **Keep yourself... sensing... sensing... sensing!***

Al reconocer una emoción desagradable, digamos: molestia, odio, aburrimiento, resentimiento, celos, nerviosismo, tensión, agobio, o cualquier clase de irritación... **¡Haz un alto inmediatamente! ¡No digas nada! ... ¡No culpes a nadie! ... ¡No grites! ... ¡No hagas tu berrinche usual! ... ¡No expreses la Emoción Desagradable! ... Simplemente...** enfoca tu atención en la sensación producida por la emoción desagradable. Hazte las siguientes preguntas: ¿En dónde está localizada la sensación de la emoción desagradable? ... ¿Qué tan profundamente dentro de la piel está localizada? ... ¿Cuál sería su tamaño, si tuviera alguno?... ¿Cuál sería su peso, si es que lo tiene? ... ¿Tiene color? ... ¿Se mueve de alguna manera? ... ¿Vibra de una cierta forma? ... **¡Mantente... sintiendo... sintiendo... sintiendo!**

At the same time, if possible... be aware of what is happening in your surroundings, observe your breath without interfering with it, allow the body to breath by itself, freely, just observe... observe... observe.

Al mismo tiempo, si es posible... mantente alerta de lo que está ocurriendo a tu alrededor, observa tu respiración sin interferir con ella, permítele al cuerpo respirar por sí mismo, libremente, solamente observa... observa... observa.

If you keep doing this... it could become a magical moment of Real

*Presence, using the friction produced by that situation, as a catalyst to feed
your Higher Centers.*

Si te mantienes haciendo esto, podría volverse un momento mágico
de Presencia Real, usando la fricción producida por esa situación, como un
catalizador para alimentar tus Centros Superiores.

*The specific idea is To Be Present during the Unpleasant Emotion,
without suppressing it. We are allowing it To Be. We are allowing ourselves to
feel it wholly. We are using it for Greater Purposes.*

La idea específica es Estar Presente durante la Emoción Desagradable,
sin suprimirla. Le estamos permitiendo Ser. Nos estamos permitiendo sentirla
completamente. La estamos usando para Propósitos Superiores.

*The exercise allows the Unpleasant Emotion to be there, with our
authorization. Remember, this is an exercise of awareness. The point in not
expressing it is seen in the following scenario. If you had guests in your home,
and their teenagers were using your stereo at full volume, and you didn't like
it, where would your emotions lead you? Instead of scolding or repressing
them, **use it as an opportunity to Work on Yourself! ... Sensing... Viewing...
Observing... Breathing... and recognizing the Unpleasant Emotion... but...
not saying anything... just keep Working on Yourself.***

El ejercicio permite a la Emoción Desagradable estar allí, con nuestra
autorización. Recuerda, éste es un ejercicio de conciencia. El punto en no
expresarla es visto en el siguiente escenario: Si tuvieras invitados en tu casa y
sus adolescentes están usando tu estéreo en volumen máximo y a ti no te gusta
eso, ¿a dónde te llevarían tus emociones? En ves de regañarlos o reprimirlos,
**¡Úsalo como una oportunidad para Trabajar en Ti! ... Sintiendo... Viendo...
Observando... Respirando... y reconociendo la Emoción Desagradable...
pero... sin decir nada... solamente mantente Trabajando sobre ti mismo.**

NOTE 6.
*Caution: remember that to not express Unpleasant Emotion doesn't mean
to allow negative situations to happen! If, for instance, one of your children is
playing Tarzan with a sharp knife, the hazardous situation is imminent, so...*

you could try to remember yourself and at the same time, take that knife out of his/her hands! The point is that it is possible to do that in one of two different ways: Expressing or not expressing the Unpleasant Emotion.

NOTA 6.

Precaución: recuerda que no expresar las Emociones Desagradables no significa ¡permitir que ocurran las situaciones negativas! Si por ejemplo uno de tus hijos está jugando con un cuchillo filoso, a ser como Tarzan, la situación peligrosa es inminente, así que... podrías recordarte y al mismo tiempo ¡quitarle el cuchillo de las manos! El punto es que es posible hacer eso en tal vez dos formas diferentes: Expresando o no expresando la Emoción Desagradable.

CHAPTER NINE
CAPÍTULO NUEVE

9. *The chief means of happiness in this life is the ability to externally consider always, internally never.*

9. El medio principal de la felicidad en esta vida es la habilidad para considerar externamente siempre, internamente nunca.

First of all, in order to understand this aphorism, we need to understand what it means to externally and internally consider.

Ante todo, para comprender este aforismo, necesitamos comprender lo que significa considerar interna y externamente.

In the Fourth Way, we have found that in order for us to understand each other, we need a precise language; and that is why we need to have exact definitions of every word we use. An objective knowledge needs objective vocabulary. So, with this in mind, let's get our definitions.

En el Cuarto Camino, hemos encontrado que para comprendernos unos con otros, necesitamos un lenguaje preciso; y ese es el porqué necesitamos tener definiciones exactas de cada palabra que usamos. Y un conocimiento objetivo necesita vocabulario objetivo. Así que, con esto en mente, adquiramos nuestras definiciones.

We have learned to understand that in order to consider externally, we first need to be awake. In order to be awake, we need to go through the process of self-observation, dividing attention and finally to the being-state of Self-

Remembering which will be conducive to awakening.

Hemos aprendido a comprender que para considerar externamente, primero necesitamos estar despiertos. Para estar despiertos, primero necesitamos ir a través del proceso de la auto-observación, dividir la atención y finalmente al estado-del-ser de Recuerdo de Sí, que será el que nos conduzca al despertar.

We can not externally consider somebody if we are not self-remembering. And self-remembering is a being-state. It is a state in which you rise above being a human biological machine with its mind in a state of multiplicity, where you are fragmented in thousands of little "I's" with each wishing to get its own results.

No podemos considerar externamente a alguien si no estamos recordándonos. Y el Recuerdo de Sí es un estado-del-ser. Es un estado en el que te elevas por encima de ser una máquina biológica humana con su mente en estado de multiplicidad donde estás fragmentado en miles de pequeños "yoes" cada uno deseando obtener sus propios resultados.

Accordingly, once we are able to raise our being-state to self-remembering, we can then start considering externally, and therefore have the means to be happy.

De conformidad con esto, una vez que somos capaces de elevar nuestro estado-del-ser al Recuerdo de Sí, podemos entonces comenzar a considerar externamente, y por lo tanto a tener los medios para ser felices.

But then, what is it to externally consider? And what is it to internally consider?

Pero entonces, ¿qué es considerar externamente? ¿Y qué es considerar internamente?

To answer, I am going to quote Mr. Ouspensky' Fourth Way book:

Para responder, voy a citar el libro del Cuarto Camino de Ouspensky:

"External considering is a form of self-remembering in relation to people. You take other people into consideration and do, not what is pleasant to 'you', but what is pleasant to 'them'.

Direct Quote

"Consideración externa es una forma de Recuerdo de Sí en relación con la gente. Tomas a la otra gente en consideración y haces, no lo que es placentero para 'ti', sino lo que es placentero para 'ellos'.

Cita Directa

" It means that in relation to people you must not act without thinking. You must think first and then act. Your thinking will show you that, more often than not, if this person would prefer you to act in one manner and not in another, it is all the same to you, so why not do what he likes?"

Direct Quote

"Significa que en relación con la gente no debes actuar sin pensar. Debes pensar primero y luego actuar. Tu pensamiento te mostrará eso, la mayoría de las veces, si esta persona preferiría que tú actuaras de una forma y no de otra; es lo mismo para ti, así que ¿por qué no hacer lo que a él le gusta?"

Cita Directa

Thus, we can understand external considering as the act, after remembering ourselves, of giving to people their due. It is performed in such a way as to not be self-sacrificing. It means you are aware of the choices before acting, and you make up your mind to act in such a way as to pleasantly please others and yourself at the same time.

De esta forma, podemos comprender la consideración externa como el acto, después de Recordarnos, de dar a la gente lo suyo. Es llevado a cabo de tal forma que no es un auto-sacrificio. Significa que te estás dando cuenta de las alternativas antes de actuar, y ajustas tu manera de pensar para actuar de tal forma que placenteramente complaces a otros y a ti mismo al mismo tiempo.

On the other hand, inner considering has different forms, including the feeling that people do not pay you your due enough, which leads to making accounts, feeling cheated, underpaid, manipulated, used, rejected, insulted, etc.

Por otro lado, la consideración interna tiene diferentes formas, incluyendo el sentimiento de que la gente no te da lo tuyo suficientemente, lo que conduce a tener cuentas, sentirte engañado, mal pagado, manipulado, usado, rechazado, insultado, etc.

When you inner consider, you are looking from your own perception, your own point of view, your own benefit. And you justify everything in order to have your own due. You don't take others into consideration.

Cuando consideras internamente, estas mirando desde tu propia percepción, desde tu propio punto de vista, desde tu propio beneficio. Y justificas todo para tener lo tuyo. No tomas a otros en cuenta.

That is why this aphorism is so powerful, if you can remember it and act accordingly.

Ese es el porqué este aforismo es tan poderoso, si puedes recordarlo y actuar en conformidad con él.

Therefore, let's use another awakening exercise to practice external considering and avoid internal considering. Remember, the results will bring happiness.

Por lo tanto, usemos otro ejercicio despertador para practicar consideración externa y evitar considerar internamente. Recuerda que los resultados traerán felicidad.

9. *Using the word 'Yes'*

Our habitual language and speech patterns can provide us with awakening exercises.

9. *Usando la palabra "Si"*

Nuestro lenguaje habitual y patrones de conversación nos puede proveer de ejercicios despertadores.

One word we all use a lot is "Yes." So, we are going to use it as an awakening exercise. In order to do this, we need to focus our attention on the words we are using; therefore we need to be mindful of our speech. Whenever we use the word "Yes", **immediately stop and Work!** *Start sensing... viewing... listening... and observe your breath without changing it.*

Una palabra que todos usamos mucho es "Sí". Así que vamos a usarla como un ejercicio despertador. Para hacerlo, necesitamos enfocar nuestra atención en las palabras que estamos usando; por lo tanto necesitamos estar muy conscientes de nuestras conversaciones. En cualquier momento en el que usemos la palabra "Sí", **¡detente inmediatamente y Trabaja!** Comienza a sentir… ver… oír… y observa tu respiración sin cambiarla.

Do so for a few seconds, trying to keep your attention focused and divided at the same time among your sensations, what you see, what you hear and what you feel, for as long as you can. If possible, try to notice if you are able to continue with your conversation and self-observing. Observe if you were inner considering, trying to get your own due, or if it is possible for you, at that moment, to externally consider and give others their due.

Hazlo por unos cuantos segundos, tratando de mantener tu atención enfocada y dividida al mismo tiempo entre tus sensaciones, lo que ves, lo que oyes y lo que sientes, tanto como puedas. Si es posible, trata de notar si eres capas de continuar con tu conversación y auto-observación. Observa si estabas considerando internamente, tratando de salirte con la tuya, o si es posible para ti, en ese momento, considerar externamente y darle a los demás lo suyo.

NOTE 7.
In this exercise, it is important that you don't apologize to anybody for saying the "chosen word". Just Work, Work, Work. And if you mentioned the "chosen word", don't change anything; remember that the task is to Self-Observe, to Awaken, no to become mute!

NOTA 7.
En este ejercicio, es importante que no te disculpes con nadie por decir "la palabra escogida". Simplemente Trabaja, Trabaja, Trabaja. Y si mencionaste "la palabra escogida", no cambies nada; recuerda que la tarea es Auto-Observar, Despertar, ¡no volverse mudo!

CHAPTER TEN
CAPÍTULO DIEZ

10. Do not love art with your feelings.
10. No ames el arte con tus sentimientos.

Throughout our self-observations about love, we have come to understand that Real Love is a Power belonging only to awakened beings.

A través de nuestras auto-observaciones acerca del amor, hemos llegado a comprender que el Amor Real es un Poder que les pertenece únicamente a los seres despiertos.

Human biological machines do not know how to love. They are attracted to other machines like most animals, out of their unconscious instinct for reproduction, based on the sacred law of duplication.

Las máquinas biológicas humanas no saben cómo amar. Son atraídas hacia otras máquinas como la mayoría de los animales, desde su instinto inconsciente para la reproducción, basadas en la ley sagrada de la duplicación.

When we begin to self-observe, and through conscious labor and intentional suffering we come to the realization that we can learn to manage our machine, we then have the possibility to really start to work on ourselves to become awakened beings.

Cuando comenzamos a auto-observarnos, y a través de labor consiente y sufrimiento intencional, llegamos a darnos cuenta que podemos aprender a manejar nuestra máquina; entonces tenemos la posibilidad de iniciar realmente el trabajo sobre nosotros mismos para volvernos seres despiertos.

In order to do this, we must detach so as to not get identified with the machine's doings, not get trapped with the machine thoughts and not get attached to the machine's feelings.

Para hacer esto, debemos desapegarnos, para no quedar identificados con los actos de la máquina, no quedar atrapados con sus pensamientos y no apegarnos a sus sentimientos.

Through self-observation, we begin to realize that our lower centers: instinctive, moving, emotional and intellectual compete for our attention and in no way represent our permanent "I".

Mediante la auto-observación, empezamos a darnos cuenta que nuestros centros inferiores: instintivo, motor, emocional e intelectual, compiten por nuestra atención y de ninguna manera representan a nuestro "YO" permanente.

When we truly realize that we are not the sensations of the machine, that we are not the movements of the machine, that we are not the feelings or the thoughts of the machine, then we can understand that almost everything in the machine is triggered by these lower centers, and they do not represent our permanent "I".

Cuando verdaderamente nos damos cuenta que no somos las sensaciones de la máquina, que no somos los movimientos de la máquina, que no somos los sentimientos ni los pensamientos de la máquina, entonces podemos comprender que casi todo en la máquina es disparado por estos centros inferiores y que ellos no representan a nuestro "YO" permanente.

Mechanically, the machine is caught by external impressions. It observes a work of art and immediately judgments are triggered. Because of these judging elements, the machine starts to form feelings about that work of art.

Mecánicamente, la máquina es atrapada por las impresiones externas. Observa un trabajo artístico e inmediatamente son disparados los juicios. Debido a estos elementos de juicio, la máquina comienza a formar sentimientos acerca de ese trabajo artístico.

If the machine's feelings get identified with the art, it starts wishing to have it, to posses it, to make it its own, to perhaps hide it from others eyes and keep it only for the machine's eyes, totally seduced by the believed possession, but in reality possessed by it.

Si los sentimientos de la máquina se identifican con el arte, comienza a desear tenerlo, poseerlo, hacerlo suyo; para tal vez ocultarlo de la vista de otros y mantenerlo únicamente para los propios ojos; seducida totalmente por lo que cree es su posesión, pero que en realidad es poseída por él.

Of course, if this is happening in our being, we are trapped by the identification. We might become even more mechanical, worrying that something could happen to our acquired art. Part of our attention is going to be so attached to it, that our permanent "I" is going to be completely overshadowed by our identification with the art.

Por supuesto, si esto está sucediendo en nuestro ser, estamos atrapados por la identificación. Podríamos incluso volvernos más mecánicos, preocupados de que algo le pudiera ocurrir a nuestra arte adquirido. Parte de nuestra atención va a estar tan apegada a él, que nuestro "YO" permanente va a estar completamente eclipsado por nuestra identificación con el arte.

To reinstate the permanent "I," self-observation and verifications of this mechanically perceived reality will slowly begin to unify our lower centers into an understanding of the folly of our identification, providing the possibility of living from a higher center known as the Higher Emotional Center.

Para restablecer al "YO" permanente, la auto-observación y las verificaciones de esta realidad percibida mecánicamente, lentamente empezarán a unificar nuestros centros inferiores en una comprensión de la locura de nuestra identificación, dándonos la posibilidad de vivir desde un centro superior conocido como el Centro Emocional Superior.

This Higher Emotional Center is the communion of the instinctive, moving and emotional centers.

Este Centro Emocional Superior es la comunión de los centros instintivo, motor y emocional.

The Higher Emotional Center provides higher possibilities. It initiates a new power acquired by its unification: this new power is called "CONSCIENCE".

El Centro Emocional Superior proporciona posibilidades superiores. Inicia un nuevo poder adquirido por su unificación: este nuevo poder es llamado: "CONCIENCIA".

Conscience is at the same time the ability to realize what is right and wrong in relation to myself and particularly in relation to my evolution; meaning, that this conscience will be showing me which behaviors are going to support my evolution and which ones are going to damage it.

La Conciencia es al mismo tiempo la habilidad de darnos cuenta lo que es correcto e incorrecto en relación conmigo mismo y particularmente en relación con mi evolución; es decir, que esta conciencia me estará mostrando qué comportamientos van a apoyar mi evolución y cuales la van a dañar.

This new power of the Higher Emotional Center, allows the beginning of Love in myself. And this love is not just feelings, but empathy, external considering, glimpses of impartiality, etc.

Este nuevo poder del Centro Emocional Superior, permite el comienzo del Amor en mí. Y este amor no son solo sentimientos, sino empatía, consideración externa, vislumbres de imparcialidad, etc.

Therefore, when we read the aphorism: "Do not love art with your feelings", we can understand: do not get attached to art, do not get identified, and do not get possessed by that external factor.

Por lo tanto, cuando leemos el aforismo: "No ames el arte con tus sentimientos", podemos comprender: no te apegues al arte, no te identifiques y no te dejes poseer por ese factor externo.

In order to be able to practice this aphorism, we are going to use another awakening exercise:

Para poder practicar este aforismo, vamos a usar otro ejercicio despertador:

10. *Using Art as a reminding factor.*

We are going to use any piece of art which could come to view, as a reminding factor.

10. Usando el Arte como un despertador.

Vamos a usar cualquier pieza de arte que aparezca ante nuestra vista como un despertador.

As soon as you observe the art, STOP!

Tan pronto como observes el arte, ¡ALTO!

With this Stop! Exercise your Self, remember to self-observe... notice your sensations, stop your thoughts or mental associations, observe if there are any feelings attached to what you are observing, particularly the piece of art.

Con este ¡Alto! Ejercita tu Ser, recuerda auto-observarte, nota tus sensaciones, detén tus pensamientos o asociaciones mentales, observa si hay algún sentimiento apegado a lo que estás observando, particularmente a la pieza de arte.

Try to keep your attention divided; focusing in the sensations of your body, the stillness of your body, and try to bring a positive emotion about this very moment and its significance.

Trata de mantener tu atención dividida; enfocada en las sensaciones de tu cuerpo, la quietud de tu cuerpo, y trata de traer una emoción positiva acerca de este preciso momento y su significado.

This will be bringing more and more presence to the moment and in no time you could be SELF-REMEMBERING.

Esto estará trayendo más y más presencia al momento y en breve tiempo podrás estar **RECORDÁNDOTE**.

So keep your controlled attention divided, as you remember yourself, and just enjoy the piece of art as part of your present moment. Simply that.

Así que mantén tu atención dividida controlada, mientras te recuerdas, y simplemente disfruta la pieza de arte como parte de tu momento presente. Simplemente Eso.

I am… I am here… I am observing the machine… I am dividing my attention, perceiving… sensations… stillness… positive emotion… no thoughts… just viewing without verbalizing… I am remembering my-Self… I am viewing this piece of art… like taking a photo with my consciousness and presence… that's it!

Yo soy… Yo estoy aquí… Yo estoy observando la máquina… Yo estoy dividiendo mi atención, percibiendo… sensaciones… calma… emoción positiva… no pensamientos… simplemente viendo sin verbalizar… Yo estoy recordándome a Mi Mismo… Yo estoy viendo esta pieza de arte… como tomando una foto con mí conciencia y presencia… ¡eso es!

Not attached… detached… present… to this moment… just present… here and now… I AM.

No apegado… desapegado… presente… a este momento… simplemente presente… aquí… y ahora… YO SOY.

CHAPTER ELEVEN
CAPÍTULO ONCE

11. A true sign of a good man is if he loves his father and mother.

11. Un verdadero signo de un buen hombre es si ama a su padre y madre.

Why is it that we can be considered "good" only if we love our father and mother?

¿Por qué solo podemos ser considerados "buenos" si amamos a nuestro padre y madre?

What if they behaved miserably in our relationship?

¿Qué tal si se comportaron miserablemente en nuestra relación?

How can we justify their negative behavior towards us or others?

¿Cómo podemos justificar su comportamiento negativo hacia nosotros y otros?

How can we begin to understand the negative examples that some parents set for their children?

¿Cómo podemos empezar a comprender los ejemplos negativos que algunos padres dan a sus hijos?

In order to understand all this, we need to remember that human machines are not human beings.

Para comprender todo esto, necesitamos recordar que las máquinas biológicas humanas no son seres humanos.

Human biological machines are simply machines that act and react according to the buttons that are "pushed." By that, I am referring to our mechanical interpretations of what our machines perceive through external and internal impressions.

Las máquinas biológicas humanas son simples máquinas que actúan y reaccionan de acuerdo con los botones que les "presionan". Por eso, me refiero a nuestras interpretaciones mecánicas de lo que nuestras máquinas perciben a través de las impresiones externas.

Human biological machines are often not even aware of Real External Impressions; because they are caught in their self-suggestions learned through countless repetitions of the messages and information received since early childhood.

Las máquinas biológicas humanas frecuentemente no están conscientes de las Impresiones Externas Reales; porque están atrapadas en sus auto-sugestiones aprendidas a través de incontables repeticiones de los mensajes e información recibida desde su infancia temprana.

Our machines are slaves of these repetitive interpretations and therefore are not free to act according to thoughtful choices. They are usually just reacting to the same things, in the same memorized ways.

Nuestras máquinas son esclavas de estas interpretaciones repetitivas y por lo tanto no son libres para actuar de conformidad con elecciones bien pensadas. Ellas están usualmente reaccionando a las mismas cosas, en las mismas formas memorizadas.

In this way, it is easy to understand how our machines become victimized by their own repetitive reactions and patterns. With this understanding, we see that our parents, being Human Biological Machines, modeled these same patterns and tendencies themselves. Doing so, they unconsciously and unintentionally victimized themselves, and established a pattern for our mechanical natures to mirror.

De esta manera, es fácil comprender cómo se volvieron nuestras máquinas víctimas, por sus propias reacciones y patrones repetitivos. Con esta comprensión, podemos ver que nuestros padres, siendo Máquinas Biológicas Humanas, modelaron estos mismos patrones y tendencias en sí mismos. Al hacerlo, inconscientemente y sin intención se volvieron también víctimas, y establecieron un patrón para que nuestras naturalezas mecánicas lo reflejaran.

Understanding these patterns and examples, this eleventh Aphorism encourages us to respond with love and compassion to our parents, for they knew no differently.

Comprendiendo estos patrones y ejemplos, este onceavo Aforismo nos anima a responder con amor y compasión a nuestros padres, pues no sabían "hacer" de otra manera.

Taken to the ultimate level of love and compassion, the reported words of Jesus from the cross were, "Father, forgive them, for they know not what they do".

Tomando el ultimo nivel de amor y compasión, las palabras reportadas de Jesús en la cruz fueron: "Padre, perdónalos, porque no saben lo que hacen".

From cosmological Science, we learn that only through eons of time did a level of order follow the Chaos of Creation; and just after that order was established, life accidentally appear on Earth, like the chance involved in a sperm fertilizing an ovum.

De la Ciencia Cosmológica aprendemos que únicamente a través de eónes de tiempo un nivel de orden siguió al Caos de la Creación; y solo después de que ese orden fue establecido, la vida apareció accidentalmente sobre la Tierra, como la suerte involucrada en el esperma que fertiliza un óvulo.

Therefore, we can deduct from Science and life, that whatever a human biological machine does, it's done mechanically, automatically, unconsciously, accidentally.

Por lo tanto, podemos deducir de la Ciencia y de la vida, que lo que sea que haga una máquina biológica humana, es hecho mecánicamente, automáticamente, inconscientemente, accidentalmente.

If we would have had the fortune of having conscious parents, they would have been coherent and congruent with their conscience and therefore loving, caring, nurturing, etc.

Si hubiéramos tenido la fortuna de tener padres conscientes, ellos habrían sido coherentes y congruentes con su conciencia y por lo tanto amorosos, compasivos, alentadores, etc.

Understanding the luck that provides life to children of human biological machines, by virtue of having this book's information available and the possibilities of participating in our School, you must love your parents, no matter what. Thanks to what they did and didn't do mechanically, automatically, unconsciously, accidentally, etc., you have the opportunity to be on this path, applying this information daily.

Comprendiendo la suerte que da vida a los hijos de máquinas biológicas humanas, por virtud de tener esta información como libro disponible y las posibilidades de participar en nuestra Escuela, debes amar a tus padres, sin importar nada. Gracias a lo que hicieron y no hicieron mecánicamente, automáticamente, inconscientemente, accidentalmente, etc., tú tienes la oportunidad de estar en este camino, aplicando esta información diariamente.

From this perspective, we can join Mr. Gurdjieff in saying, "A true sign of a good man is if he loves his father and mother." Either we were blessed with conscious parents that taught us these truths, or through our own findings, through our own inner work; we came to be as we are now, "a man who loves his father and mother."

Desde esta perspectiva, podemos unirnos al decir del señor Gurdjieff: "Un verdadero signo de un buen hombre, es si ama a su padre y a su madre". Ya sea que fuimos bendecidos con padres conscientes que nos enseñaron estas verdades, o a través de nuestros propios hallazgos, a través de nuestro propio trabajo interior, llegamos a ser como somos ahora, "un hombre que ama a su padre y a su madre".

Let's use another awakening exercise to help us remember ourselves and at the same time look for the true sign of being a good man...

Usemos otro ejercicio despertador para ayudarnos a recordarnos y al mismo tiempo a buscar un verdadero signo de ser un buen hombre...

11. *The Best Moments.*

11. Los Mejores Momentos.

If we are really a good man that loves his father and mother, we are probably pretty happy most of the time, because more than likely we had a nice childhood. And this is a great advantage in life (as in my case, and probably here I should say "thanks God"... and I am indeed grateful for that).

Si somos realmente un buen hombre que ama a su padre y madre, la mayor parte del tiempo estamos probablemente bastante felices, porque es muy probable que hayamos tenido una infancia agradable. Y esto es una gran ventaja en la vida (como en mi caso, y probablemente aquí debería decir "Gracias Dios"... y en verdad estoy agradecido por eso).

But, as a Psychologist, knowing that this is not the case for everyone, I suggest that we bring ourselves to this very moment firmly understanding that, no matter what happened with our parents, they were not truly conscious of what they were doing.

Pero, como Psicólogo, sabiendo que este no es el caso para todos, sugiero que nos traigamos a este preciso momento, comprendiendo firmemente que sin importar lo que haya sucedido con nuestros padres, ellos no fueron verdaderamente conscientes de lo que estaban haciendo.

And because of this, and because of everything that happened and didn't happen in our life, WE ARE NOW HERE! And for that we should be very thankful! And very happy!

Y debido a esto, y debido a todo lo que sucedió y no sucedió en nuestra vida, ¡AHORA ESTAMOS AQUÍ! ¡Y por eso deberíamos estar muy agradecidos! ¡Y muy felices!

In addition to this reasoning, consider this: If we really want to experience Real freedom, if we really want to experience Reality, we need to free ourselves from our past interpretations of the circumstances in our life!

Además de este razonamiento, considera esto: Si realmente queremos experimentar libertad Real, si realmente queremos experimentar la Realidad, ¡necesitamos liberarnos a nosotros mismos de nuestras interpretaciones pasadas de las circunstancias de nuestra vida!

If we allow ourselves to continue being caught by our past interpretations of what happened and didn't happen in relation with our parents, we are not going to be able to be free to enjoy life, to see reality, to be awake!

Si nos permitimos continuar estando atrapados por nuestras interpretaciones pasadas de lo que ocurrió y no ocurrió en relación con nuestros padres, no vamos a ser capaces de ser libres para disfrutar la vida, para ver la realidad, ¡para estar despiertos!

If we allow our past interpretations to continue, knowing their folly and inaccuracies, we can not arouse and elevate our level of being to such an extent that we can perceive Our Divine Presence!

Si les permitimos continuar a nuestras interpretaciones pasadas, sabiendo su insensatez e imprecisión, no podemos avivar y elevar nuestro nivel de ser a tal grado que podamos percibir ¡Nuestra Presencia Divina!

But if we are able to lay those former interpretations aside … then we have a chance to go higher, to start anew from this very moment!

Pero si somos capaces de dejar de lado esas interpretaciones antiguas… entonces tenemos una oportunidad de ir más alto, ¡para comenzar de nuevo en este preciso momento!

Therefore, let's use a great exercise provided to our School It is called: "The Best Moments."

Por lo tanto, usemos un gran ejercicio proporcionado a nuestra Escuela es llamado: "Los Mejores Momentos".

If we learn to focus our attention in the best things we are experiencing, we are going to be experiencing a better life!

Si aprendemos a enfocar nuestra atención en las mejores cosas que hemos experimentado, vamos a estar experimentando ¡una mejor vida!

If we teach ourselves to direct our mind, instead of leaving it alone to wander in imagination, we are going to make it find new patterns of thoughts and associations.

Si nos enseñamos a dirigir nuestra mente, en lugar de dejarla sola a que vague en imaginación, vamos a hacer que encuentre nuevos patrones de pensamientos y asociaciones.

To do this exercise, we reflect back to the previous segment of time, whether it be hourly, four hour or day to day intervals, to the best moment in that previous interval.

Para hacer este ejercicio, reflexionemos en el segmento previo de tiempo, ya sea cada hora, cada cuatro horas o en intervalos de cada día, acerca del mejor momento de ese intervalo previo.

Note that there can be a variety of best moments. They can be as peaceful as a sunset, or as dramatic as barely avoiding a car accident.

Toma nota de que puede haber una variedad de mejores momentos. Pueden ser tan apacibles como una puesta de sol, o tan dramáticos como apenas evitar un accidente automotriz.

So, starting now, ask yourself every hour –or at some consistent interval, "What has been my best moment up to now?"

Así que, comenzando ahora, pregúntate cada hora (o a cada intervalo de tiempo consistente), "¿Cuál ha sido mi mejor momento hasta ahora?"

And make the conscious intent to register this in your journal, so that you can be collecting a series of best moments... that are going to be used in future exercises… good luck and good best moments!

Y haz el intento consciente de registrar esto en tu diario, de tal manera que puedas estar coleccionando una serie de mejores momentos… que van a ser usados en ejercicios futuros… ¡Buena suerte y Buenos mejores momentos!

CHAPTER TWELVE
CAPÍTULO DOCE

12. Judge others by yourself and you will rarely be mistaken.
12. Juzga a otros por ti mismo y rara vez te equivocarás.

First of all, we need to understand what is meant by judging others before proceeding to the next statement.

Ante todo, necesitamos comprender lo que significa juzgar a otros antes de proceder a la siguiente afirmación.

To judge means to form an opinion about something or somebody. To affirm something, making a previous comparison between two or more ideas, the relationships that exist among them; to infer, to deduce, to draw conclusions with regards compared issues.

Juzgar significa formar una opinión acerca de algo o de alguien. Afirmar algo, haciendo una comparación previa entre dos o más ideas, las relaciones que existen entre ellas; inferir, deducir, llegar a conclusiones acerca de los asuntos comparados.

A Judge is a person who has authority to judge; a person qualified to pass a critical judgment, and has the means to deliberate about the culpability of somebody or about the various reasons involved and to be able to give an appropriate evaluation.

Un juez es una persona que tiene autoridad para juzgar; una persona calificada para pasar un juicio crítico, y tiene los medios para deliberar acerca de la culpabilidad de alguien o acerca de varias razones involucradas y ser capaz de dar una evaluación apropiada.

From the preceding definitions we understand that first of all, if judging is taken as simply forming opinions about something or somebody, then anybody could make judgments.

De las definiciones precedentes comprendemos que ante todo, si juzgar es tomado como simplemente formar opiniones acerca de algo o de alguien, entonces cualquiera podría hacer juicios.

But we must remember we are talking about human biological machines in the first conscious state –Sleep—or second conscious state –vertical sleep. This means that machines can not make real judgments, and any judgment would be from the formatory apparatus; which means coming from the programmed mind of the machine.

Pero debemos recordar que estamos hablando acerca de máquinas biológicas humanas en primer estado de conciencia (dormidas) o en segundo estado de conciencia (dormidas verticalmente). Esto significa que las máquinas no puede hacer juicios reales, y cualquier juicio sería desde el aparato formatorio; lo que significa surgir desde la mente programada de la máquina.

But our definitions also mention that judging is to affirm something, making a previous comparison between two or more ideas, the relationships that exists among them; to infer, to deduce, to draw conclusions with regards compared issues.

Pero nuestras definiciones también mencionan que juzgar es afirmar algo, hacer una comparación previa entre dos o más ideas, la relación que existe entre ellas; inferir, deducir, llegar a conclusiones en relación con los asuntos comparados.

So in order to really be able to judge something or somebody, we need to have more information relative to the issue we are about to judge. What factors led to and contributed to the results that are to be judged.

Así que para realmente ser capaces de juzgar algo o a alguien, necesitamos tener más información relativa al asunto que estamos por juzgar. Que factores condujeron y contribuyeron a los resultados que están por ser juzgados.

At the same time, our definitions are indicating that if we really want to judge something, in good honesty, we need the qualifications of a judge, meaning, we need to have jurisdiction to evaluate, we need the competence to pass a critical judgment. We need to have the means to deliberate the issue, in order to be able to give the adequate sentence.

Al mismo tiempo, nuestras definiciones están indicando que si realmente queremos juzgar algo, honestamente, necesitamos las aptitudes de un juez, es decir, necesitamos tener jurisdicción para evaluar, necesitamos ser competentes para pasar un juicio crítico. Necesitamos tener los medios para deliberar acerca del asunto, para ser capaces de dar una sentencia adecuada.

With this in mind, it becomes clear that A Human Biological Machine does not have the capacity to judge! A human primate has not enough freedom from its programmed mind in order to judge properly.

Con esto en mente, se vuelve claro que Una Máquina Biológica Humana, ¡no tiene la capacidad de juzgar! Un primate humano no tiene suficiente libertad de su mente programada para juzgar apropiadamente.

Therefore, who is really able and capable and authorized to judge? Clearly, in a Real World, only an enlightened being!

¿Por lo tanto, quién es realmente capaz y está autorizado para juzgar? Claramente, en un Mundo Real, ¡únicamente un ser iluminado!

Stated differently, in order to judge, we need to acquire the authority and the being to have the capability for judging.

Afirmado de manera diferente, para poder juzgar, necesitamos adquirir la autoridad y el ser para tener la capacidad de juzgar.

Then, when the aphorism mentions: "Judge others by yourself..." this could mean that it is not possible to judge others through commentaries brought by somebody else, which could be by itself a distortion, a biased opinion.

Entonces, cuando el aforismo menciona: "Juzga a otros por ti mismo..." Esto podría significar que no es posible juzgar a otros mediante comentarios traídos por alguien más, que podrían ser en sí mismos una distorsión, una opinión tendenciosa.

Additionally, we can deduce that the one who must do the judging is you, yourself. But, if we are living only in the first and second state of consciousness, then we are in a state of multiplicity; meaning, having multiple passengers in our carriage, in our mind.

Además, podemos deducir que el que debe hacer el juicio eres tú, tú mismo. Pero, si estamos viviendo únicamente en el primero y segundo estados de conciencia, entonces estamos en un estado de multiplicidad; lo que quiere decir tener múltiples pasajeros en nuestro carruaje, en nuestra mente.

Being in this state, which is the most common state in the human primates living in our 'modern society', we have no permanent passenger in our carriage.

Estando en este estado, que es el estado más común de los primates humanos viviendo en nuestra 'sociedad moderna', no tenemos un pasajero permanente en nuestro carruaje.

Just imagine a passenger in the carriage forming a judgment about something, and in the next minute, having another passenger with a different opinion, and not even knowing the former passenger, nor the judgment formed. What chaos, right? ... Well that is reality.

Solo imagina un pasajero en el carruaje formando un juicio acerca de algo, y al siguiente minuto, tener otro pasajero con una opinión diferente, y sin siquiera conocer al pasajero anterior, ni el juicio formado. ¿Qué caos eh? … bueno, esa es la realidad.

That is why this aphorism is inviting us to Be Ourselves First, in order to judge anything, including others.

Ese es el porqué este aforismo nos está invitando a Ser Nosotros Mismos primero, para juzgar cualquier cosa, incluyendo a otros.

To get to this point, one must Awaken . . . Freeing oneself from the formatory mind.

Para llegar a este punto, uno debe Despertar… Liberarse a uno mismo de la mente formatoria.

In the book "Views from the real world" (Early talks by Gurdjieff) it is mentioned that in order to know a man, we should know him as a whole.

En el libro "Perspectivas desde el mundo real" (Primeras pláticas de Gurdjieff) es mencionado que para conocer a un hombre, deberíamos conocerlo como un todo.

A whole man totals 30. By this I mean he needs to have a value of 8 in his instinctive-moving center, 10 in his emotional center and 12 in his intellectual center. This implies that he needs to be humble in his actions and attitudes, but always doing as he says; he needs to be really higher in his emotional state, inferring the stability of happiness and joyfulness in what he is doing and thinking; and he needs to be a thinker, to ponder as a wise man in his intellectual center, always acting based in his objective reason and impartiality.

Un hombre completo da un total de 30. Con esto quiero decir que necesita tener un valor de 8 en su centro instintivo-motriz, 10 en su centro emocional y 12 en su centro intelectual. Esto implica que necesita ser humilde en sus acciones y actitudes, pero siempre haciendo lo que dice; necesita estar realmente alto en su estado emocional, infiriendo la estabilidad de la felicidad y el gozo en lo que está haciendo y pensando; y necesita ser un pensador; ponderar como un hombre sabio en su centro intelectual, siempre actuando basado en su razón objetiva y en su imparcialidad.

Therefore, if a perfectly balanced awakened man totals 30, we can compare ourselves and others with this level of being in order to really know a little bit more about ourselves, and about others, and about the possibilities to judge.

Por lo tanto, si un hombre despierto perfectamente equilibrado da un total de 30, podemos compararnos y comparar a otros con este nivel de ser para saber realmente un poquito más acerca de nosotros mismos, y acerca de otros, y acerca de las posibilidades de juzgar.

If in his instinctive-moving center, a man is at a level of 4, this means that he is applying half of what is necessary for a level 8 -- and falls short of fulfill his purposes.

Si en su centro instintivo-motriz, un hombre está en el nivel 4, esto significa que él está aplicando la mitad de lo necesario para un nivel 8 –y se queda corto para satisfacer sus propósitos.

If his feelings are usually at 7 and not 10, this indicates that he is more or less content, but not fully realizing his emotional capacities. He doesn't feel fully satisfied in his life.

Si sus sentimientos están usualmente en 7 y no en 10, esto indica que él está más o menos contento, pero no realizando totalmente sus capacidades emocionales. Él no se siente totalmente satisfecho en su vida.

And, if his intellectual center is at 8 and not at 12, the indications are that he doesn't have the ability to think with objective reason nor impartiality, nor can he follow a long thought process to intelligent conclusions. The combined total of the preceding examples demonstrates a man at level 19 (4+7+8 = 19).

Y. si su centro intelectual está en 8 y no en 12, las indicaciones son que él no tiene la habilidad para pensar con razón objetiva ni imparcialidad, y que no puede seguir un proceso de pensamiento largo hacia conclusiones inteligentes. El total combinado de los ejemplos anteriores muestra a un hombre de nivel 19 (4+7+8=19).

If he were to act at level 6, with feelings at level 8 and an intellectual center at level 9, he would be a man reflecting 23 (6+8+9=23).

Si él actuara en nivel 6, con sentimientos del nivel 8 y un centro intelectual en el nivel 9, él sería un hombre reflejando 23 (6+8+9=23).

These numbers can tell us a lot about ourselves as compared to a truly conscious man and in comparison to others, providing a platform to judge others by ourselves.

Estos números nos pueden decir mucho acerca de nosotros mismos comparados con un hombre verdaderamente consciente y comparados con otros, dándonos una plataforma para juzgar a otros por nosotros mismos.

Most assessments by others are vague assessments, mainly determined as opinions. The foregoing mathematical formula allows us to asses the level of beings in others impartially and without opinions.

La mayoría de las evaluaciones de los demás son valoraciones vagas, principalmente determinadas como opiniones. La fórmula matemática precedente nos permite valorar el nivel de ser de otros de forma imparcial y sin opiniones.

As sleeping men, it is understandable why the multiplicity of several "I's," with numerous perspectives, make it impossible to judge others by ourselves.

Como hombres dormidos, es comprensible porqué la multiplicidad de varios "yoes", con numerosas perspectivas, hace imposible el juzgar a otros por nosotros mismos.

In order to be wholly ourselves, we need to first become one single self by awakening & stopping our multiplicity. Now we are hundreds of many tiny little impermanent "I's" struggling to have their due, but not lasting more that a few minutes in most cases.

Para estar completos, necesitamos primero volvernos un solo ser, despertando y parando nuestra multiplicidad. Ahora somos cientos de muchos "yoes" pequeñitos y no permanentes, luchando por lo suyo, pero sin durar más de unos cuantos minutos en la mayoría de los casos.

If we understand this conflicting situation of our level of being... we should do everything necessary to unify our multiple selves as fast as possible!

Si comprendemos esta situación conflictiva de nuestro nivel de ser... deberíamos hacer todo lo necesario para unificar nuestros múltiples yoes ¡tan pronto como sea posible!

If we really want to judge and help others, we need to help and know ourselves first. And in order to accomplish that, we need to awaken.

Si realmente queremos juzgar a otros y ayudarlos, necesitamos ayudarnos y conocernos a nosotros mismos primero. Y para lograr eso, necesitamos despertar.

In conclusion, if we have enough unification in our being and are close to 30, then we are going to be able to judge others, because we are becoming balanced, harmonious, awakened, and conscious; and of course we rarely would be mistaken!

En conclusión, si tenemos suficiente unificación en nuestro ser y estamos cerca de 30, entonces vamos a ser capaces de juzgar a otros, porque nos estamos volviendo equilibrados, armónicos, despiertos y conscientes; y por supuesto ¡rara vez nos equivocaríamos!

Understanding this, let's use another awakening exercise to remind us that we shouldn't be judging others until the moment we have become ONE!

Comprendiendo esto, usemos otro ejercicio despertador para recordarnos que no deberíamos juzgar a otros hasta el momento en que nos hallamos ¡Vuelto Uno!

12. *Using judgments and opinions.*

12. **Usando los juicios y las opiniones.**

Every time that you catch yourself judging something or somebody, or giving an opinion about anything at all, try stopping yourself!

En cada ocasión que te caches juzgando algo o a alguien, o dando una opinión acerca de cualquier cosa, trata de ¡detenerte!

Stop yourself and remember the idea of 'level of being'. Remember that a man should be 30 as a whole, and look to see if you are really taking the whole of that person into consideration, or if your machine is the one that is formatorily reacting to have its due.

Detente y recuerda la idea del 'nivel de ser'. Recuerda que un hombre debería dar un total de 30, y mira si realmente estás tomando en cuenta la totalidad de esa persona, o si tu máquina es la que está reaccionando formatoriamente para salirse con la suya.

At the same time, try to remember yourself as a whole, reviewing your (8) manifestations, your (10) emotional state and your (12) level of reasoning.

Al mismo tiempo, trata de recordarte como un todo, revisando (8) tus manifestaciones, (10) tu estado emocional y (12) tu nivel de razonamiento.

Give to others the opportunity to be as they are and try to understand how their level of being doesn't allow them to be different. And in this way... learn to love them.

Dales a otros la oportunidad de ser como son y trata de comprender cómo su nivel de ser no les permite ser diferentes. Y de esta forma... aprende a amarlos.

CHAPTER THIRTEEN
CAPÍTULO TRECE

13. Only help him who is not an idler.
13. Solamente ayuda a aquél que no es perezoso.

In a previous aphorism, aphorism number 6 we read that "Here we can only direct and create conditions, but not help"; why do we now read in this new aphorism that we can help?

En un aforismo previo, aforismo número 6, leímos que "Aquí solo podemos dirigir y crear condiciones, pero no ayudar" ¿Por qué leemos ahora en este nuevo aforismo que podemos ayudar?

Are there certain conditions to be fulfilled in order to be able to help?

¿Hay ciertas condiciones por satisfacer para ser capaces de ayudar?

First of all, we need to remember that the second aphorism states, --"The highest that a man can attain is to be able to do"—and realize that we can not "do" as of yet.

Ante todo, necesitamos recordar que el segundo aforismo afirma, "Lo más alto que un hombre puede obtener es ser capaz de hacer", y darnos cuenta que todavía no podemos "hacer".

This means we are not able to do until we become real, conscious, and awakened!

Esto significa que no somos capaces de hacer hasta que nos volvemos reales, conscientes y ¡despiertos!

If, in being asleep, we can not "do," it follows that we can not help, not even ourselves. This is true until we propel ourselves up to the degree of the fifth Obligolnian striving, otherwise known as the sacred 'Martfotai', which is up to the degree of self-individuality.

Si estando dormidos no podemos "hacer", se sigue que no podemos ayudar, ni siquiera a nosotros mismos. Esto es verdad hasta que nos impulsamos hasta el grado del quinto esfuerzo Obligolniano, conocido también como el sagrado 'Martfotai', lo que es hasta el grado de auto-individualidad.

Consequently, only a conscious being, only a truly awakened human being can help; yet in the beginning, one can only help one's self.

Consecuentemente, únicamente un ser consciente, únicamente un ser humano verdaderamente despierto puede ayudar; sin embargo, al principio, uno sólo puede ayudarse a uno mismo.

Accordingly, the first condition that we need to fulfill in order to be able to help others is to become enlightened, awakened, and conscious.

De conformidad con esto, la primera condición que necesitamos satisfacer para ser capaces de ayudar a otros es volvernos iluminados, despiertos y conscientes.

But how do we achieve this?

¿Pero cómo logramos esto?

Just imagine any machine trying to help another machine! It is not possible! It is even comical and ludicrous to think about.

Simplemente ¡imagina cualquier máquina tratando de ayudar a otra máquina! ¡No es posible! Incluso es cómico y absurdo pensar acerca de ello.

Imagine a car, by itself trying to help another car… as they have no permanent passenger, one passenger would be pondering if the help that the car needs is about the wheels; another passenger would advise the changing of the engine, and another more would suggest polishing the doors, etc.

Imagina un carro por sí mismo, tratando de ayudar a otro carro… ya que no tienen un pasajero permanente, un pasajero estaría ponderando si la ayuda que el carro necesita es acerca de las llantas; otro pasajero aconsejaría el cambio de motor, y otro más sugeriría pulir las puertas, etc.

Now, if the machine is -- as it can only be-- just a machine, it can't even help itself, let alone another machine.

Ahora, si la máquina es (como puede ser únicamente) simplemente una máquina, ni siquiera puede ayudarse a sí misma, mucho menos a otra máquina.

Think about a blender... how could a blender help another blender? They don't even have an understanding of themselves as blenders!

Piensa acerca de una licuadora… ¿cómo podría una licuadora ayudar a otra licuadora? ¡Ni siquiera tienen una comprensión de sí mismas como licuadoras!

The same thing happens with sleeping men! They don't know they are merely human biological machines, human primates, and not real men!

¡Lo mismo sucede con los hombres dormidos! No saben que son meras máquinas biológicas humanas, primates humanos, y no ¡hombres reales!

This is why it is not possible to help a machine, except if you are no longer a machine, but a higher entity, a human being.

Este es el porqué no es posible ayudar a una máquina, excepto si tú ya no eres más una máquina, sino una entidad superior, un ser humano.

Important note: in order to become a human being, remember that we need first to recognize that we are not and never have been!

Nota importante: para volverse un ser humano, recuerda que necesitamos reconocer primero que no somos y que ¡nunca hemos sido!

Once we come to the realization that we are not real human beings, we need to figure out what a real human being is and its differences from human machines.

Una vez que nos damos cuenta que no somos seres humanos reales, necesitamos descubrir lo que es un ser humano real, y sus diferencias de las máquinas humanas.

A machine is an apparatus that functions when you press certain buttons and move certain levers.

Una máquina es un aparato que funciona cuando le aprietas ciertos botones y le mueves ciertas palancas.

For example, when the human biological machine experiences hunger, that button is triggered and it starts looking for food.

Por ejemplo, cuando la máquina biológica humana experimenta hambre, ese botón es disparado y comienza a buscar comida.

When you press a button in a blender, it also starts moving.

Cuando aprietas un botón en una licuadora, también comienza a moverse.

A real human being behaves a little bit differently than a machine. He or she would evaluate the situation, to see if it is appropriate to satisfy his hunger at that time, or later.

Un ser humano real se comporta un poquito diferente de una máquina. Él o ella evaluarían la situación, para ver si es apropiado satisfacer su hambre en ese momento, o después.

A real human being can stop the reactions of the buttons pushed, up to certain limits.

Un ser humano real puede detener las reacciones de los botones apachurrados, hasta ciertos límites.

We could even observe our milieu to see if pseudo-human beings are really looking for help.

Podríamos observar incluso nuestro medio ambiente para ver si los seres seudo-humanos están buscando realmente ayuda.

What we are going to find out is that they are not! They are just daydreaming, having mental associations with past memories and just reacting to the passing impressions.

Lo que vamos a descubrir es que ¡no lo están! Simplemente están en sueños, teniendo asociaciones mentales con recuerdos del pasado y solo reaccionando a las impresiones pasadas.

Accordingly, we won't even understand if other human biological machines are indeed really asking for help, or if they are just trying to say something else.

De conformidad con esto, ni siquiera comprendemos si otras máquinas biológicas humanas están en realidad pidiendo ayuda, o si están simplemente tratando de decir algo más.

This is so, because as human machines, we don't know ourselves, we don't see ourselves, we don't know others and we don't see others except through our mental associations.

Esto es así, porque como máquinas humanas, no nos conocemos a nosotros mismos, no nos vemos, no conocemos a otros y no vemos a otros, excepto a través de nuestras asociaciones mentales.

Everything we perceive as sleeping men, as human primates, as human biological machines is the reflection of our own imagination, of our own mental associations coming from our formatory apparatus.

Todo lo que percibimos como hombres dormidos, como primates humanos, como máquinas biológicas humanas es el reflejo de nuestra propia imaginación. De nuestras propias asociaciones mentales viniendo de nuestro aparato formatorio.

This is why we can help neither ourselves nor others; meanwhile we are still mechanical human machines.

Este es el porqué no podemos ayudarnos a nosotros ni a otros, mientras seamos todavía máquinas biológicas humanas.

Once we have acquired this new level of being, the awakened being, the conscious being, then it is possible to help others, <u>provided</u> you "Only help him who is not an idler".

Una vez que hemos adquirido este nuevo nivel de ser, el ser despierto, el ser consciente, entonces es posible ayudar a otros, <u>siempre y cuando</u> "Solamente ayudes a quien no es perezoso".

But now, who is an idler? What is an idler?

Pero ahora, ¿Quién es un perezoso? ¿Qué es un perezoso?

An idler, as outlined in the dictionary, is a person not working, inactive, uninvolved, doing nothing; somebody who doesn't keep busy, avoiding work, lazy, of no real worth, importance or significance, groundless, frivolous, vain, senseless, futile; a machine that operates at a low speed.

Un perezoso, como es descrito en el diccionario, es una persona que no trabaja, que está inactivo, que no se involucra, que no hace nada; alguien que no se mantiene ocupado, que evita trabajar, flojo, sin valor real, sin importancia ni significado, si base en nada, frívolo, vano, insensible, fútil; una máquina que opera a baja velocidad.

Therefore, if all or part of this refers to such a person, it means that he or she is worse than simply a common machine; but a machine that is going to behave worse than the ones we usually meet.

Por lo tanto, si todo o parte de esto se refiere a tal persona, esto significa que él o ella es peor que una simple máquina; sino una máquina que se va a comportar peor que las que usualmente encontramos.

An idle machine is not going to be able "to do" no matter what! Therefore, what would be the point in wasting our precious awakened time with any machine like that!

Una máquina perezosa no va a ser capaz de "hacer" ¡sin importar lo que sea! Por lo tanto, ¡cuál sería el punto en gastar nuestro precioso tiempo de despiertos con una máquina cómo esa!

What could possibly persuade us to offer any help to such a machine? We would not be taking into consideration aphorism nine: "The chief means of happiness in this life is the ability to consider externally always, internally never".

¿Qué podría persuadirnos posiblemente a ofrecer alguna ayuda a tal máquina? No estaríamos tomando en consideración el aforismo nueve: "El medio principal de la felicidad en esta vida es la habilidad de considerar externamente siempre, internamente nunca".

To attempt to extend help to an idle, frivolous machine is to be really internally considering. We would be trying to condescend with such broken machines; and that would never take us to happiness, but to a series of problems, all resulting from attempting helping idlers.

Intentar ayudar a una máquina perezosa, frívola, es estar realmente considerando internamente. Estaríamos tratando de condescender con máquinas descompuestas; y eso nunca nos llevaría a la felicidad, sino a una serie de problemas, todos resultando de intentar ayudar a los perezosos.

So, perhaps the first question should be addressed to ourselves... Am I an idler?

Así que, tal vez la primera pregunta que deberíamos formularnos es… ¿Yo soy un perezoso?

How can I know if I am not an idler? Perhaps self-observation could help us in this.

¿Cómo puedo saber si yo no soy un perezoso? Tal vez la auto-observación podría ayudarnos en esto.

If an idler is: a person not working and if I work... then I am not an Idler.

Si un perezoso es: una persona que no trabaja y si yo trabajo... entonces no soy un perezoso.

If an idler is an inactive person and I am active... then I am not an idler.

Si un perezoso es una persona inactiva y yo soy activo... entonces yo no soy un perezoso.

If an idler is an unemployed person doing nothing and I am employed and doing something, then I am not an idler.

Si un perezoso es una persona desempleada que no hace nada y yo soy un empleado y hago algo... entonces yo no soy un perezoso.

If an idler is somebody who doesn't keep busy and I keep myself busy, then I am not an idler.

Si un perezoso es alguien que no se mantiene ocupado y yo me mantengo ocupado... entonces yo no soy un perezoso.

If an idler is somebody avoiding work and I don't avoid work, then I am not an idler.

Si un perezoso es alguien que evita trabajar y yo no evito trabajar... entonces yo no soy un perezoso.

If an idler is a lazy person and I am not lazy, then I am not an idler.

Si un perezoso es una persona floja y yo no soy flojo... entonces yo no soy un perezoso.

If an idler is somebody with no real worth, importance or significance, and I am worthy, important and provide significance in others lives as well as my own, then, I am not an idler.

Si un perezoso es alguien sin valor real, sin importancia ni significado, y yo soy valioso, importante y proveo significado en las vidas de otros así como a mi mismo, entonces yo no soy un perezoso.

If an idler is groundless, frivolous, vain, senseless and futile, and I am grounded, serious, earnest, humble, productive, sensitive and useful, then I am not an idler.

Si un perezoso no tiene bases, es frívolo, vano, insensible y fútil, y yo tengo bases, soy serio, fervoroso, humilde, productivo, sensible y útil, entonces yo no soy un perezoso.

If an idler is a machine that operates at a low speed and disengaged from the load, and I am stopping being a machine and at the same time I am functioning at good speed and becoming engaged with my life and circumstances, then I am not an idler.

Un perezoso es una máquina que opera a baja velocidad y que no está comprometida con su responsabilidad, y si yo estoy dejando de ser máquina y al mismo tiempo estoy funcionando a buena velocidad y me estoy comprometiendo con mi vida y mis circunstancias, entonces yo no soy un perezoso.

Once self-observation allows us to recognize the mechanical state of our lives, we can't help but to want to increase our abilities to move further away from being idlers.

Una vez que la auto-observación nos permita reconocer el estado mecánico de nuestra vida, no podemos sino querer incrementar nuestras habilidades para alejarnos de ser perezosos.

This recognition will help us to have the opportunity to be helped and, in due time, to be able to help others… help, help, help. Remember… only a conscious being can help and be helped.

Este reconocimiento nos ayudará a tener la oportunidad de ser ayudados y, a su debido tiempo, ser capaces de ayudar a otros… ayudar, ayudar, ayudar. Recuerda… únicamente un ser consciente puede ayudar y ser ayudado.

For that reason, we are going to use another awakening exercise in order to be aware enough to avoid this mistake… helping idlers and becoming an idler.

Por esa razón, vamos a usar otro ejercicio despertador para estar lo suficientemente conscientes para evitar este error… ayudar a los perezosos y volvernos perezosos.

We are going to use the exercise called:

Vamos a usar el ejercicio llamado:

13. *Recognizing idle "I's" in us.*

13. Reconociendo los "yoes" perezosos en nosotros.

For a period of time determined by you, pay attention to the "I's" that are living in your various moments. It helps if you invent a reminding factor, such as turning your watch upside down, to trigger you into numerous observations throughout the day.

Por un período de tiempo determinado por ti mismo, pon atención a los "yoes" que estén viviendo en tus varios momentos. Ayuda si inventas un factor recordante, tal como voltearte tu reloj de muñeca hacia abajo, para disparar en ti numerosas observaciones durante el día.

Observe if those "I's" are or are not idlers. You are to ponder those "I's" in the moment you stop yourself to self-observe.

Observa si esos "yoes" son o no son perezosos. Vas a valorar esos "yoes" en el momento en que te detengas a auto-observarte.

If you recognize an idler "I", do not help it! Stop yourself at that moment and recognizing the "I" as an idler one, Stop giving your energy to it, your life to it, and your present moment and DO SOMETHING!

Si reconoces a un "yo" perezoso, ¡no lo ayudes! Detente en ese momento y reconociendo el "yo" como un perezoso, deja de darle tu energía, tu vida y tu momento presente y ¡HAZ ALGO!

Remember that the great DOING of a conscious being is TO BE CONSCIOUS! So become aware at that moment of the pulling down of the tendency to be an idler and the attraction of the higher to stop being an idler and just BE PRESENT! That in itself is a REAL DOING!

Recuerda que el gran HACER de un ser consciente es ¡SER CONSCIENTE! Así que hazte consciente en ese momento del jalón hacia abajo de la tendencia a ser un perezoso y la atracción de lo superior por dejar de ser un perezoso y simplemente ¡ESTÁ PRESENTE! Eso en sí mismo es un ¡HACER REAL!

If you wish to go further, try to apply in that precise moment what you have learned in this chapter as an opposite to being an idler... work! Become active! Engage yourself! Make yourself worthy, important, of significance for somebody else, even if it is a pet!

Si deseas ir más lejos, trata de aplicar en ese preciso momento lo que has aprendido en este capítulo como lo opuesto de ser un perezoso... ¡Trabaja! ¡Vuélvete activo! ¡Comprométete! ¡Hazte valioso, importante, de significado para alguien más, incluso si es una mascota!

Become grounded, serious, earnest, humble, productive, sensitive and useful; engage yourself with others, with life, with a real purpose... to be awake!

¡Asiéntate, sé serio, fervoroso, humilde, productivo, sensible y útil! Comprométete con otros, con la vida, con un propósito real... ¡Estar Despierto!

And if it happens that you find yourself recognizing another idler after having been able to recognize your own idle "I's"... remember this aphorism... "Only help him who is not an idler".

Y si sucede que te encuentras reconociendo a otro perezoso después de haber reconocido en ti tus propios "yoes" perezosos... recuerda este aforismo... "Solamente ayuda a aquél que no es perezoso".

CHAPTER FOURTEEN
CAPÍTULO CATORCE

14. Respect every religion.
14. Respeta cada religión.

Again, by way of introduction, we need first to understand the meaning of the words we are using.

Otra vez, como introducción, necesitamos primero entender el significado de las palabras que estamos usando.

We observe here two significant words: respect and religion.[7]

Observamos aquí dos palabras significativas: respeto y religión.

About the first word, respect, we have the following definitions:
   3. *Esteem for or a sense of the worth or excellence of a person, a personal quality or ability, or something considered as a manifestation of a personal quality or ability.*
   4. *Deference to a right, privilege, privileged position, or someone or something considered to have certain rights or privileges, proper acceptance or courtesy, acknowledgment.*
   5. *To show regard or consideration for*

Acerca de la primera palabra, respeto, tenemos las siguientes definiciones:
   1. Aprecio por un sentido de valía o excelencia de una persona, una cualidad ó habilidad personal, o algo considerado como una manifestación de una cualidad o habilidad personal.
   2. Deferencia a un derecho, privilegio, posición privilegiada, ó alguien o algo considerado como que tiene derechos o privilegios; aceptación propia o cortesía, reconocimiento.
   3. Mostrar aprecio o consideración por

---

7   We used the Internet dictionary: www.dictionary.com for these definitions.
Usamos el diccionario de Internet: www.dictionary.com para estas definiciones.

Then, in taking into consideration the word "respect", we understand that this implies the capacity to identify something or somebody as having certain qualities or abilities worthy of esteem, the competency to assume a privileged position, having certain rights or privileges that deserve acknowledgement.

Entonces, tomando en consideración la palabra 'respeto', podemos entender que esto implica la capacidad de identificar algo o a alguien como con ciertas cualidades o habilidades dignas de aprecio, la capacidad para asumir una posición privilegiada, el tener ciertos derechos o privilegios que merecen reconocimiento.

If we are able to place that kind of confidence in somebody or something, from the perspective of the Fourth Way, we can allow room for unification and evolution much more so than if our respect and confidence were "iffy."

Si somos capaces de dar esa clase de confianza a alguien o a algo, desde la perspectiva del Cuarto Camino, podemos darle espacio a la unificación y a la evolución mucho más que si nuestro respeto y confianza fuera 'dudosa'.

It is in this context that I think Mr. Gurdjieff points to 'every religion' as being worthy of 'respect.'

Es en este contexto desde el que yo pienso que el Señor Gurdjieff señala a 'cada religión' como digna de 'respeto'.

Consequently, we need to understand what religion is, and its involvement regarding the unification and evolution that it could give or not give to men.

Consecuentemente, necesitamos entender lo que es la religión y su participación en relación con la unificación y evolución que podría dar o dar al hombre.

Moreover, we had best do this, because at present times (2007) there is a general deterioration of world opinion, especially among young people, as to the merits and benefit of the world's religions.

Más aún, es mejor que hagamos esto, porque en tiempos presentes (2007) hay un deterioro general de la opinión mundial, especialmente entre gente joven, en relación con los méritos y beneficios de las religiones del mundo.

So now, we need to understand the meaning of the word 'Religion':

Así que ahora, necesitamos entender el significado de la palabra 'Religión':

1. A set of beliefs concerning the cause, nature, and purpose of the universe, especially when considered as the creation of a superhuman agency or agencies, usually involving devotional and ritual observances, and often containing a moral code governing the conduct of human affairs.

1. Un conjunto de creencias concernientes a la causa, naturaleza y propósito del universo, especialmente cuando es considerado como la creación de una agencia o agencias súper-humanas, usualmente involucrando acatamientos consagrados y rituales, y frecuentemente conteniendo un código moral que gobierna la conducta de los asuntos humanos.

2. A specific fundamental set of beliefs and practices, generally agreed upon by a number of persons or sects.

2. Un conjunto fundamental y específico de creencias y prácticas, generalmente acordadas por un número de personas o sectas.

3. Something one believes in and follows devotedly; a point or matter of ethics or conscience.

3. Algo en lo que uno cree y sigue devotamente; un punto o asunto de ética o conciencia.

4. The word religion is said it comes from the words:

4. La palabra religión se dice que viene de las siguientes palabras:

a. Relegere: Deepening in the sense of life, to reunite the things in relation to the cult of the gods.

a. Relegere: Profundización del sentido de la vida, reunir las cosas en relación con el culto de los dioses.

b. *Reeligere: to choose God again, after a period of separation caused for sin.*

b. Reeligere: escoger a Dios otra vez, después de un período de separación causado por el pecado.

c. *Religare: to be in contact again with God's existence.*

c. Religare: estar en contacto otra vez con la existencia de Dios.

Having all this in mind, and using my Fourth Way's perspective, --the idea of the possibilities for evolving-- if a religion is a set of beliefs concerning the cause of creation, we could say that Mr. Gurdjieff also had a set of beliefs for this.

Teniendo todo esto en mente, y usando mi perspectiva del Cuarto Camino (la idea de las posibilidades para evolucionar), si una religión es un conjunto de creencias concernientes a la causa de la creación, podríamos decir que el señor Gurdjieff también tenía un conjunto de creencias para esto.

The differences we find with Gurdjieff's beliefs are that he has mathematical and scientific proof of his beliefs and therefore, they stopped from being mere beliefs in order to become Theory and now facts.

Las diferencias que encontramos con las creencias de Gurdjieff son que él tiene una prueba científica y matemática de sus creencias y por lo tanto, dejaron de ser meras creencias para volverse Teoría y ahora hechos.

Using the information found in "Gurdjieff: Cosmic Secrets", we find that Mr. Gurdjieff's propositions are not any longer just beliefs, but facts that can be verified with simple arithmetic's.

Usando la información encontrada en el libro "Gurdjieff: Secretos Cósmicos", encontramos que las proposiciones del señor Gurdjieff no son ya más simples creencias, sino hechos que pueden ser verificados con aritmética simple.

In addition, we can say in agreement with the former, Mr. Gurdjieff's findings make his Philosophy and Psychology very different from a religion.

Además, podemos decir en conformidad con lo anterior, que los hallazgos del señor Gurdjieff hacen que su Filosofía y Psicología sea muy diferente de una religión.

Secondly, with religions having the belief that there is a superhuman agency or agencies, "usually involving devotional and ritual observances, and often containing a moral code governing the conduct of human affairs", the Fourth Way practices no devotionals, no rituals, and has no moral codes governing our conduct. This is so, because we have the possibilities of conducting our lives even higher than mechanical moral codes.

En segundo lugar, con las religiones teniendo la creencia de que hay una agencia o agentes súper-humanos, "usualmente involucrando acatamientos consagrados y rituales, y frecuentemente conteniendo un código moral que gobierna la conducta de los asuntos humanos", las prácticas del Cuarto Camino no están consagradas ni son rituales y no tienen códigos morales gobernando nuestra conducta. Y esto es porque tenemos las posibilidades de conducir nuestras vidas incluso más alto que los códigos morales mecánicos.

Suffice it to say, the Fourth Way is not a religion.

Es suficiente con decir que, el Cuarto Camino no es una religión.

We know, from our own verifications, that if we practice our prime exercises: self observation and self remembering, we can access the possibilities of achieving unification of higher emotional center, if you have the adequate exercise or shock to achieve that.

Sabemos, por nuestras propias verificaciones, que si practicamos nuestros ejercicios de primera: auto-observación y recuerdo de sí, podemos acceder a las posibilidades para lograr la unificación del centro emocional superior, si tienes el ejercicio adecuado o el choque para lograr eso.

After having achieved the unification of lower centers into the higher emotional center, and if you know the way to build the access to the higher mental center, you achieve impartiality and objective reason.

Después de haber logrado la unificación de los centros inferiores como centro emocional superior, y si sabes la forma de construir el acceso al centro mental superior, logras imparcialidad y razón objetiva.

Now, with these two Higher Centers, you start having a higher way of behaving, because you have a higher being and therefore, your behavior, when compared with the moral codes of religion is really many times superior.

Ahora, con estos dos Centros Superiores, puedes empezar a tener una manera superior de comportarte, porque tienes un ser superior y por lo tanto, tu comportamiento, cuando es comparado con los códigos morales de la religión es realmente muchas veces superior.

Therefore, let's use another awakening exercise to remind us to "Respect every religion".

De donde, usemos otro ejercicio despertador para recordarnos "Respetar cada religión".

14. Using churches, synagogues, hermitages, temples, etc., as reminding factors.

14. Usando las iglesias, sinagogas, ermitas, templos, etc., como factores recordantes.

Every time you see any of these religious buildings, Stop and Remember Yourself! And every time you see a person performing any religious practice, STOP and observing yourself, see if you are obeying this aphorism; see if you are respecting every religion.

En cada ocasión que veas cualquiera de estas construcciones religiosas, ¡Detente y Recuérdate! Y cada vez que veas a una persona ejecutando cualquier práctica religiosa, DETENTE y obsérvate, ve si estás obedeciendo este aforismo: ve si estás respetando cada religión.

CHAPTER FIFTEEN
CAPÍTULO QUINCE

15. *I love him who loves work.*
15. Yo amo al que ama el trabajo.

We need to remember that Mr. Gurdjieff presented these aphorisms; so, it is important to understand their meanings and their usefulness to our work.

Necesitamos recordar que el Señor Gurdjieff presentó estos aforismos; así que, es importante comprender sus significados y su utilidad para nuestro trabajo.

If you remember, we have mentioned that only a conscious being can love, because he is the only one who, having his being unified, can have commitments with his whole being.

Si recuerdas, hemos mencionado que únicamente un ser consciente puede amar, porque él es el único que, teniendo su ser unificado, puede tener compromisos con todo su ser.

Therefore, only the I Am, the Presence can Love.

Por lo tanto, únicamente el Yo Soy, la Presencia puede Amar.

Now, who is the "him" in this aphorism?

Ahora, ¿quién es el "al que ama" en este aforismo?

If we recognize intention in a higher being, and if we consider Mr. Gurdjieff a higher being, he could very easily have said "I love them who love work", if he would have a different intention. However, saying just "him" could be addressing the unified man, "him" who has attained unity and therefore loves work.

Si reconocemos intención en un ser superior, y si consideramos al Señor

Gurdjieff un ser superior, él podría muy fácilmente haber dicho: "Yo amo a los que aman el trabajo", si hubiera tenido una intención diferente. No obstante, al decir simplemente "a aquél", podría estar refiriéndose al hombre unificado, "a aquel" que ha obtenido la unidad y por lo tanto ama el trabajo.

This could also mean that with the many "I's" of man, a few of those "I's" could possibly love work; and thus, it would follow that the I Am loves those "I's" who love work.

Esto podría también significar que con los muchos "yoes" del hombre, unos pocos de esos "yoes" podrían posiblemente amar el trabajo; y así, seguiría que el Yo Soy ama a aquellos "yoes" que aman el trabajo.

Taking this assumption, we could say that the I Am is always loving the "I's" who love work, the "I's" which are focused in the work. Moreover, through this love, we are attracting them to unify with the I Am.

Tomando esta suposición, podríamos decir que el Yo Soy está siempre amando a los "yoes" que aman el trabajo, los "yoes" que están enfocados en el trabajo. Más aún, a través de este amor, estamos atrayéndolos a que se unifiquen con el Yo Soy.

The I Am would be collecting "I's" that love to work in order to become wholly ONE!

El Yo Soy estaría congregando "yoes" que aman el trabajo para volverse ¡Totalmente UNO!

Now we can have a beautiful awakening exercise:

Ahora podemos tener un ejercicio despertador hermoso:

15. *Loving "him" who loves work.*

15. Amando "a aquél" que ama el trabajo.

We are going to pay attention to those "I's" who wish to work.

Vamos a poner atención a aquéllos "yoes" que aman el trabajo.

Usually, we have many "I's" during our day. These "I's" being in multiplicity, have numerous different interests.

Usualmente, tenemos muchos "yoes" durante nuestro día. Estos "yoes" siendo multiplicidad, tienen numerosos intereses diferentes.

Some wish to sleep, while others wish to be imagining, regretting, judging, assuming, etc.

Algunos desean dormir, mientras que otros desean estar imaginando, lamentando, juzgando, suponiendo, etc.

Nevertheless, there are some special "I's" who are really interested in the work. They are attracted to the ideas of the Work.

Sin embargo, hay algunos "yoes" especiales que realmente están interesados en el trabajo. Ellos son atraídos hacia las ideas del Trabajo.

We are going to pay special attention to these "I's".

Vamos a poner atención especial a estos "yoes".

In addition, when we find an "I" who loves work, we are going to express our love to it. We are going to say to it, I Love You!

Además, cuando encontremos un "yo" que ama el trabajo, vamos a expresarle nuestro amor. Vamos a decirle: ¡Te Amo!

And we are going to do this not only if that "I" takes us to work, but even if it only interests us in the work.

Y vamos a hacer esto no solo si ese "yo" nos lleva a trabajar, sino que incluso si únicamente nos interesa en el trabajo.

With this exercise, we are going to be giving our love and energy to the "I's" that love to work, even if at the moment those "I's" can't do anything but simply be interested.

Con este ejercicio, vamos a darle nuestro amor y energía a los "yoes" que aman el trabajo y vamos a darles energía para que continúen, incluso si al momento esos "yoes" no pueden hacer nada sino simplemente estar interesados.

When we pay positive attention to some "I's" they get energized and start having power "to do". And this means they will be unifying, becoming one with the I Am, which is our aim.

Cuando le ponemos atención positiva a algunos "yoes" ellos se cargan de energía y comienzan a tener poder "para hacer". Y esto significa que estarán unificándose, volviéndose uno con el Yo Soy, lo cual es nuestra meta.

Hence, let's intentionally pay attention to "him who loves work". Just self-observe and try to see if there are any "I's" that loves working on itself and pay positive attention to it saying: "I Love YOU!"... Moreover, remember... report your findings... some surprises await for you.

Por consiguiente, pongamos intencionalmente atención a "aquél que ama el trabajo". Simplemente auto-obsérvate y trata de ver si hay algún "yo" que ama trabajar en sí mismo y ponle atención positiva diciéndole: "Te Amo"... Más aún, recuerda... reporta tus hallazgos... algunas sorpresas te aguardan.

CHAPTER SIXTEEN
CAPÍTULO DIECISÉIS

16. *We can only strive to be able to be Christians.*

16. Solamente podemos esforzarnos por ser capaces de ser Cristianos.

Could this aphorism mean that we should not strive for something else? That the only striving we should focus upon is "to be able to be Christians"?

¿Podría significar este aforismo que no deberíamos luchar por nada más? ¿Qué el único esfuerzo en el que deberíamos enfocarnos es en "ser capaces de ser Cristianos?

Will striving to be Christians give us what we are looking for? In answering this, remember that we are looking to be ourselves, to be awake, to be the masters of ourselves, to be free, to be one, etc.

¿Esforzándonos por ser Cristianos nos dará lo que estamos buscando? Al responder a esto, recuerda que estamos buscando ser nosotros mismos, estar despiertos, ser los amos de nosotros mismos, ser libres, ser uno, etc.

If this is so, what is it to be a Christian?

Si esto es así, ¿qué es ser Cristiano?

To some, being a Christian means to follow the teachings of Jesus Christ, to live as he lived, act as he acted, applying everything from the Ten Commandments of the Old Testament Bible to the teachings of Jesus as presented in the New Testament.

Para algunos, ser Cristiano significa seguir las enseñanzas de Jesucristo, vivir como vivió, actuar como actuó, aplicar los Diez Mandamientos del Antiguo Testamento de la Biblia hasta las enseñanzas de Jesús como son presentadas en el Nuevo Testamento.

Continuing in this frame of thought, we need to know that in the Fourth Way, the famous Ten Commandments –the biblical ones-- are for us: "commitments" of every step in our level of being.

Continuando desde este marco de referencia, necesitamos saber que en el Cuarto Camino, los famosos Diez Mandamientos (los bíblicos) son para nosotros: "logros" de cada paso en nuestro nivel de ser.

As we continue growing and evolving, suddenly we start having a higher and higher behavior, meaning that we do not (1) worship other gods, because we are wishing for unity; we want to be the Master of ourselves and therefore we think of our creator as a All Unified Being, as we wish to be.

Conforme continuamos creciendo y evolucionando, repentinamente empezamos a tener un comportamiento superior y superior, lo que significa que (1) no veneramos a otros dioses, porque estamos deseando la unidad; queremos ser el Amo de nosotros mismos y por lo tanto pensamos en nuestro creador como un Ser Todo Unificado, como deseamos ser.

(2) We do not make idols, because we want to become the Master of ourselves, we do not want somebody else to be the guru, we want to be free and able to think for ourselves, to have objective reason and impartiality to make our own decisions.

(2) No creamos ídolos, porque queremos volvernos el Amo de nosotros mismos, no queremos que alguien más sea el gurú, queremos ser libres y capaces de pensar por nosotros mismos, tener razón objetiva e imparcialidad para tomar nuestras propias decisiones.

(3) Knowing that the Master is the I Am, and knowing our mechanical state of multiplicity and many "I's", we take good care in not using automatically the word "I", which would mean to be misusing the name of God, which happens to be "I Am".

(3) Sabiendo que el Amo es el Yo Soy, y conociendo nuestro estado mecánico de multiplicidad y de muchos "yoes", tenemos buen cuidado de no usar automáticamente la palabra "yo", lo que significaría que estaríamos usando mal el nombre de Dios, quien sucede que es "Yo Soy".

(4) The idea of keeping the Sabbath holy, for us could mean the idea of not getting identified with our jobs, with taking enough rest and also having fun with ourselves and enjoying our family. We know this is a commitment, because there is an addiction to our jobs, to doing mechanically and we would be called workaholics.

(4) La idea de mantener el sábado sagrado, para nosotros podría significar la idea de no identificarte con tus trabajos de la vida, con tomar suficiente descanso y también divertirte contigo y disfrutar a tu familia. Sabemos que esto es un logro, porque hay adicción a nuestro trabajo, a hacer mecánicamente y seríamos llamados trabajólicos.

(5) The one related with honoring your father and mother would be perfectly related with the practicing of our 11th aphorism: "A true sign of a good man is if he loves his father and mother"

(5) El relacionado con honrar a tu padre y madre, estaría perfectamente relacionado con la práctica de nuestro aforismo 11: "Un verdadero signo de un buen hombre es si ama a su padre y madre".

(6) Do not murder, is of course and obvious practice for any man with conscience. But here we could give a higher interpretation: Do not even murder yourself; meaning that we should arrive to this commitment by loving ourselves and not killing ourselves with any addiction, like smoking, drinking heavily, expressing negative emotions, inner considering, etc.

(6) No matar, es por supuesto una práctica obvia para cualquier hombre con conciencia. Pero aquí podríamos darle una interpretación superior: Ni siquiera te mates a ti mismo; queriendo decir que deberíamos llegar a este logro amándonos a nosotros mismos y no matándonos con ninguna adicción, como fumar, emborracharse, expresar emociones negativas, considerar internamente, etc.

(7) Do not commit adultery, is a really higher achievement and is the one of the must difficult for human kind, because of the nature tendency to duplication, meaning to reproduce. Nevertheless this aphorism is our verification that a higher being is wholly faithful, because he is One.

(7) No cometer adulterio, es un logro realmente alto y es el más difícil para la humanidad, por la tendencia de la naturaleza a la duplicación, es decir a la reproducción. Sin embargo este aforismo es nuestra verificación de que un ser superior es totalmente fiel, porque es Uno.

We humans, as any animal, have unconsciously engraved in our functions the tendency for continuous duplication through sex. Having the urge to go after the commands of the lower center which look for immediate satisfaction, only a higher man can say NO to sex. And this is why this commandment is a great achievement for every student that succeeds in being able to say NO to sex when it is appropriate to do so.

Nosotros los seres humanos, como cualquier animal, tenemos grabado inconscientemente en nuestras funciones la tendencia para la duplicación continua mediante el sexo. Teniendo la urgencia de ir tras las órdenes del centro inferior que busca la satisfacción inmediata, únicamente un ser superior puede decir NO al sexo. Y este es el porqué este mandamientos es un gran logro para cada estudiante que tiene éxito en ser capaz de decir NO al sexo, cuando sea apropiado hacerlo así.

However, we could give also another interpretation to this commitment: Do not commit adultery with your SELF, which would mean to be true to yourself. This could also mean not lying to yourself by mixing, or otherwise adulterating the knowledge you are studying with the subjectivity of the formatory.

No obstante, podríamos darle también otra interpretación a este logro: No cometas adulterio con tu SER, lo que significaría ser veraz contigo mismo. Esto podría significar también, no mentirte a ti mismo mezclando o adulterando el conocimiento que estás estudiando con la subjetividad del formatorio.

(8) Do not steal is to be firstly taken literally concerning others, and

secondly not to rob from your SELF, which means to not take away that which truly belongs to your being in The Work. And this could include the idea of time. If you consciously know that you need to use your time in a definite way, you rob your being by avoiding that that is consciously known.

(8) No robar va a ser tomado primero literalmente respecto a otros, y en segundo lugar no robarle a tu SER, lo que significa no quitarle lo que verdaderamente le pertenece a tu ser en El Trabajo. Y esto podría incluir la idea del tiempo. Si sabes concientemente que necesitas usar tu tiempo de una manera definida, robas a tu ser al evitar eso que se sabe concientemente.

(9) Do not lie is another obvious commitment. Only a really conscious being is going to be able to do this in a perfect way. And the supreme way would be not lying to your SELF.

(9) No mentir es otro logro obvio. Únicamente un ser realmente consciente va a ser capaz de hacer esto de una manera perfecta. Y la manera suprema sería no mentirle a tu SER.

(10) Do not covet. This is also kind of obvious. This would be related with the idea of feeling satisfied with your own achievements, with your own possessions, either material, emotional or spiritual, not wishing neither for others' couple relationships, nor for others' possessions in every aspect. And as we know, this is another higher achievement, another higher commitment to which only higher beings are committed.

(10) No codiciar. Este también es muy obvio. Este estaría relacionado con la idea de sentirse satisfecho con tus propios logros, con tus propias posesiones, ya sean materiales, emocionales o espirituales, no deseando ni la pareja de otros, ni las posesiones de otros en cada aspecto. Y como sabemos, este es otra proeza superior, otro logro superior al que únicamente los seres superiores están comprometidos.

Then, if we really are going to be striving to be Christians, we need to pay close attention to our level of being through our level of dedication to these commitments. We need to observe ourselves and honestly confess to ourselves if we are indeed following Jesus' teachings, or at least striving to follow them.

Entonces, si realmente vamos luchar por ser Cristianos, necesitamos poner atención de cerca a nuestro nivel de ser a través de nuestro nivel de dedicación a estos logros. Necesitamos observarnos y honestamente confesarnos si estamos en verdad siguiendo las enseñanzas de Jesús, o al menos estamos luchando por seguirlas.

In order to give a follow up to this aphorism, let's use another awakening exercise:

Para darle seguimiento a este aforismo, usemos otro ejercicio despertador:

16. *Observing the Ten Commitments.*

16. Observando los Diez Logros.

A good practice to create new paths in our brain would be to memorize the famous Ten Commitments –Commandments--, and at the same time paying close attention to which ones we are truly committed.

Una Buena práctica para crear nuevas rutas en nuestro cerebro sería memorizar los famosos Diez Logros (Mandamientos), y al mismo tiempo poner atención de cerca a cuáles estamos verdaderamente comprometidos.

This will allow us to have a better understanding of other people and ourselves, because we are going to be able to recognize the difficulty in which people and we ourselves are, and the level of conscience that is necessary live by these Ten Commitments.

Esto nos permitirá tener una mejor comprensión de otra gente y de nosotros mismos, ya que vamos a ser capaces de reconocer la dificultad en la que la gente y nosotros estamos, y el nivel de conciencia que se necesita para vivir desde estos Diez Logros.

So, use the exercise this week and every time you see any religious place, STOP and bringing to your memory the Ten Commandments, asking yourself which of them are already commitments in your being. Just observe detached; and perhaps observe what is preventing you from committing yourself to all of them.

Así que usa el ejercicio esta semana y cada que veas algún lugar religioso, haz un ALTO y trae a tu memoria los Diez Mandamientos, preguntándote cuál o cuales son ya logros en tu ser. Solo observa desapegado; y tal vez observa qué es lo que te impide comprometerte con todos ellos.

Observe which formatory thoughts or attitudes are preventing you from striving to be able to be a Christian.

Observa qué pensamientos formatorios o actitudes te están impidiendo luchar por ser capaz de ser Cristiano.

Remember to report everything in order to receive feedback for continuation of YOUR WORK ON YOURSELF!

Recuerda reportar todo para recibir retroalimentación para continuar ¡TU TRABAJO EN TI MISMO!

CHAPTER SEVENTEEN
CAPÍTULO DIECISIETE

17. Don't judge a man by the tales of others.

17. No juzgues a un hombre por los cuentos de otros.

We have already mentioned that to be able to judge, one needs to be awake.

Ya hemos mencionado que para ser capaces de juzgar, uno necesita estar despierto.

If one has any doubts as to being awake, it is best to say nothing and stop all judgments.

Si uno tiene dudas de si está despierto, es mejor no decir nada y parar todo juicio.

However, if there is the need to make a judgment regarding another person, it is very important to be aware of this aphorism.

Sin embargo, si hay la necesidad de hacer un juicio en relación con otra persona, es muy importante estar conscientes de este aforismo.

What are" the tales of others"?

¿Qué son los "cuentos de otros"?

The "tales of others" are unverified accusations, criticisms, stories, and hearsay provided by those other than the individual(s) involved in the information.

Los "cuentos de otros" son acusaciones no verificadas, criticas, historias y rumores proveídos por otros, excepto el o los individuos involucrados en la información.

An awakened man will always verify everything before forming any conclusions. He or she will listen carefully to the information presented about another person without identification or belief. More often than not, the information presented is merely "opinion," and we are to consciously deal with facts in forming our judgments.

Un ser despierto siempre verificará todo antes de llegar a cualquier conclusión. Él o ella escucharán cuidadosamente la información presentada acerca de otra persona sin identificación o creencia alguna. Muy frecuentemente la información presentada es mera "opinión" y nos ocuparemos conscientemente de los hechos al formar nuestros juicios.

Mr. Gurdjieff presents in "Views from the Real World" a formula to assist our conscious evaluations.

El señor Gurdjieff presenta en "Perspectivas desde el Mundo Real" una fórmula para auxiliar nuestras evaluaciones conscientes.

In chapter 3, under the topic entitled "Body, Essence and Personality", Mr. Gurdjieff mentioned that we must be able to take a man as a whole, and the number 30 assigned, represents man's completeness.

En el capítulo 3, bajo el tópico titulado "Cuerpo, Esencia y Personalidad", el señor Gurdjieff mencionó que debemos ser capaces de tomar a un hombre como un todo, y el número 30 asignado, representa la integración del hombre.

The formula assigns the number 8 to represent an optimum Instinctive and Moving center; the number 10 to the Emotional center, with the Intellectual center established as a 12. The total equals 30. This indicates that our manifestations should be of humbleness, our emotions in joy, and our intellect pondering and at 12, acting from the highest part.

La formula asigna el número 8 para representar un centro Instintivo y Motor óptimos; el número 10 al centro Emocional, con el centro Intelectual establecido como un 12. El total da 30. Esto indica que nuestras manifestaciones deberían ser de humildad, nuestras emociones de gozo y nuestro intelecto ponderando y en 12, actuando desde la parte más superior.

It is from the process of constantly applying this formula to our own lives in maintaining a harmonious being that our evaluations and judgments of others may proceed, using the same formula for them.

Es desde el proceso de aplicar constantemente ésta fórmula en nuestra vida y al mantener un ser armónico el que nuestras evaluaciones y juicios de otros pueden proceder, usando la misma fórmula para ellos.

Actually, in the place of judging, we are studying others in accordance with the totality of 30. In reviewing behaviors, we are ascribing a measurement between 1 and 8.

En realidad, al juzgar, estamos estudiando a otros de acuerdo con la totalidad de 30. Al revisar el comportamiento, estamos atribuyendo una medida entre 1 y 8.

Next, we review the emotional state, checking where it is from 1 to 10. Meaning how his/her emotions are, how are his/her emotional reactions or non-reactions to situations. What is his/her mood, in normal situations, in critical situations, when tired, without eating, after eating, etc.

A continuación, revisamos el estado emocional, checando en dónde está del 1 al 10. Tratando de decir cómo están sus emociones, cómo están sus reacciones o no-reacciones emocionales a las situaciones. Cuál es su estado de ánimo, en situaciones normales, en situaciones críticas, cuando está cansado, cuando está sin comer, después de comer, etc.

Finally, we review the intellectual ponderings, contemplations, and preoccupations of the individual, and assign an evaluation between 1 and 12. We are examining his/her thoughts, what are his/her patterns of thinking, where is his/her mind most of the time, what does he/she imagine most frequently, etc.

Finalmente, revisamos sus reflexiones intelectuales, sus contemplaciones y preocupaciones individuales, y le asignamos una evaluación entre 1 y 12. Estamos examinando sus pensamientos, cuáles son sus patrones de pensar, en dónde está su mente la mayor parte del tiempo, qué imagina más frecuentemente, etc.

When we are able to know these depths of another person, and of course, ourselves, then we can say that it is possible to judge others by ourselves and not by the tales of others.

Cuando seamos capaces de conocer en esta profundidad a otra persona, y por supuesto a nosotros mismos, entonces podremos decir que es posible juzgar a otros por nosotros mismos y no por los cuentos de otros.

Therefore, as another awakening exercise, let's use this:

Por lo tanto, como otro ejercicio despertador, usemos éste:

17. *The tales of others.*

17. Los cuentos de otros.

Whenever you are in a situation in which you witness somebody telling a tale about someone else, STOP YOURSELF and become aware of your own totality. Remember we are the ones who wish to be transformed, not them.

Cuando estés en una situación en la cual atestigües que alguien está contando un cuento acerca de alguien más, HAS UN ALTO y hazte consciente de tu totalidad. Recuerda que nosotros somos los que deseamos ser transformados, no ellos.

First, ask yourself: Where am I from one up to eight in my way of behaving? How am I manifesting?

Primero, pregúntate: ¿En dónde estoy del uno al ocho en mi forma de comportarme? ¿Cómo me estoy manifestando?

Second, ask yourself: Where am I from one up to 10 in my emotional state? How is my mood?

Segundo, pregúntate: ¿En dónde estoy del uno al diez en mi estado emocional? ¿Cómo está mi ánimo?

Third, ask yourself: Where am I from one up to 12 in my intellectual center? Is my formatory mind ruling the game? Am I identified with a fixed idea or way of thinking? Am I able to have several options for pondering about this issue? If so, "Choose not to judge him/her by the tales of others".

Tercero, pregúntate: ¿En dónde estoy del uno al doce en mi centro intelectual? ¿Está mi mente formatoria controlando el juego? ¿Estoy identificado con una idea fija o con una manera de pensar? ¿Soy capaz de tener varias opciones para reflexionar acerca de este asunto? Si es así, "Escoge no juzgar a esa persona por los cuentos de otros".

CHAPTER EIGHTEEN
CAPÍTULO DIECIOCHO

18. Consider what people think of you –not what they say.
18. Considera lo que la gente piensa de ti (no lo que dicen).

Usually as sleeping people, we take into consideration what people say about us.

Usualmente como gente dormida, tomamos en consideración lo que la gente dice acerca de nosotros.

Additionally, what we usually hear people saying comes from inner considering, from lying, from fear, etc., from every feature in their personality.

Adicionalmente, lo que usualmente oímos decir a la gente, viene de consideración interna, de mentir, de miedo, etc., de cada rasgo de su personalidad.

Most people do not know themselves, and choose to ignore aspects of their beings, all the time hoping others will be none the wiser. This is when lies become the basis of conversation, not expressing their thoughts and opinions in order to please others.

La mayoría de la gente no se conoce a sí misma, y escoge ignorar aspectos de su ser, siempre esperando que los otros no sean tan inteligentes que se den cuenta. Este es el momento en el que la mentira se vuelve la base de la conversación, sin expresar sus pensamientos y opiniones para dar gusto a los demás.

If we recognize truly that it is very difficult to know ones self, and that often it is very difficult to express what we truly think in relation to others, we begin to understand the premise of this Aphorism.

Si reconocemos verdaderamente que es muy difícil conocerse, y que frecuentemente es muy difícil expresar lo que verdaderamente pensamos en relación con los otros, empezamos a comprender la premisa de este Aforismo.

So, we must go behind the words that others audibly express, with their potential lies and diversions, and go to the thoughts behind the words.

Así que, debemos ir detrás de las palabras que los demás expresan audiblemente con sus mentiras y desviaciones potenciales, e ir a los pensamientos detrás de las palabras.

What would 'they' be thinking about us?

¿Qué "estarían" pensando acerca de nosotros?

Here we can use a very good exercise called:

Aquí podemos usar un muy buen ejercicio llamado:

18. The two ends of the stick.

18. Los dos extremos de la vara.

During the intensive awakening week, every instructor in Puerto Vallarta, Mexico, provide instructions for practicing the "being exercises," recognized as being very important in freeing one from fears and from identification, etc.

Durante la semana intensiva del despertar, cada instructor en Puerto Vallarta, México, proporcionamos instrucciones para practicar los "Ejercicios del Ser" reconocidos como muy importantes para liberarnos de miedos e identificaciones, etc.

Picturing reality as an entire stick, allows one to realize the spectrum of circumstances that go from the worst to best on any given issue, meaning from one end of the stick to the other end.

Visualizando la realidad como una vara completa, nos permite darnos cuenta del espectro de las circunstancias que van de lo peor a lo mejor en cualquier asunto dado, es decir, de una punta de la vara a la otra punta.

These are some wise sayings of our School, and one of them goes like this "Fear lives at the end of the stick, if you can imagine worse, you can conquer fear".

Estos son algunos son los dichos de nuestra Escuela, y uno de ellos dice así: "El miedo vive al final de la vara, si puedes imaginarte peor, puedes conquistar el miedo".

Therefore, the exercise suggested here with the name of: 'the two ends of the stick' goes like this:

Por lo tanto, el ejercicio sugerido aquí con el nombre de: 'Los dos extremos de la vara' dice así:

The first step is: If you have an issue as in the case of a concern over what people are thinking about you, try to imagine the worse scenario and bring the best solution, the best response that you could have in order to have a happy life, even if that negative scenario was determined to be true.

El primer paso es: Si tienes un asunto como en el caso de una preocupación de lo que la gente podría estar pensando acerca de ti, trata de imaginar el peor escenario y trae la mejor solución, la mejor respuesta que podrías tener para tener una vida feliz, incluso si ese escenario negativo fuera determinado como verdadero.

The second step is to imagine the best scenario and imagine what you would do in that case. How would you bring your life to happiness having those results?

El segundo paso es imaginar el mejor escenario e imaginar lo que harías en ese caso. ¿Cómo harías tu vida feliz teniendo esos resultados?

As an example, I recall a conference I was giving to a group of people, 'On

Love'.

Como ejemplo, recuerdo una conferencia que estaba dando a un grupo de gente 'Sobre el Amor'.

Almost from the moment I started talking, two participants of the conference were moving their heads as if to be saying "no" to what I was affirming.

Casi desde el momento en que empecé a hablar, dos participantes de la conferencia estaban moviendo su cabeza como si estuvieran diciendo 'no' a lo que yo estaba afirmando.

During my presentation, I gave the audience the opportunity to express themselves, whether it be to agree with or to refute my presented information. No one raise their hand, implying full agreement with my statements.

Durante mi presentación, le di a la audiencia la oportunidad de expresarse, ya sea para estar de acuerdo o para refutar mi información presentada. Nadie levantó su mano, implicando total acuerdo con mis afirmaciones.

Therefore, I simply brought to mind "consider what people think of you, not what they say," and I used the two ends of the stick exercise: I imagined the worse scenario:

Por lo tanto, simplemente traje a mi mente "considera lo que la gente piensa de ti, no lo que dice", y usé el ejercicio de los dos extremos de la vara: imaginé el peor escenario:

"Those two guys could be thinking that what I am saying is absolutely wrong, and as soon as the first coffee break comes, they will be leaving the room and not return".

"Esos dos tipos podrían estar pensando que lo que estoy diciendo es absolutamente erróneo, y tan pronto como venga el primer receso para tomar café, dejarán la sala y no regresarán".

What would I do from that worse scenario?

¿Qué haría desde ese escenario?

Well, we know that not all people will agree with your way of thinking. Therefore, it will be just fine. I will survive the conference and continue with the rest of the people. Thus, there is no problem.

Bueno, sabemos que no toda la gente estará de acuerdo con tu manera de pensar. Por lo tanto, estará simplemente bien. Sobreviviré la conferencia y continuaré con el resto de la gente. Así que, no hay problema.

Now, using the other end of the stick, what could be the best scenario?

Ahora, usando el otro extremo de la vara, ¿cuál sería el mejor escenario?

The best scenario could be that these two men are just talking to themselves, about something related to their own thinking and not really thinking against my affirmations.

El mejor escenario podría ser que estos dos hombres estén simplemente hablando consigo mismos, acerca de algo relacionado con su propio pensamiento y no realmente pensando en contra de mis afirmaciones.

If this is so, then I need to do nothing, because I do not even know what they are thinking. End of situation.

Si esto es así, entonces no necesito hacer nada, porque ni siquiera sé lo que están pensando. Fin de la situación.

To finish my story, during the coffee break I approach each of them individually and asked for their impressions of the information presented thus far.

Para terminar mi historia, durante el receso me acerqué a cada uno de ellos individualmente y pregunté sus impresiones acerca de la información presentada hasta aquí.

Both of them responded with similar thoughts. Come to find out, they were moving their heads in a denying manner because they were recognizing some faults in their own behaviors that they needed to correct. They were not denying anything about my presentation nor about the ideas that I presented.

Ambos respondieron con pensamientos similares. Me di cuenta, que estaban moviendo su cabeza negando porque estaban reconociendo algunas faltas en sus propios comportamientos que necesitaban corregir. No estaban negando nada acerca de mi presentación ni acerca de las ideas que presenté.

As you can see, I was free from experiencing negative imagination thanks to this exercise; I was free even within the possibility of the worse scenario.

Como pueden ver, estaba libre de experimentar imaginación negativa, gracias a este ejercicio; estaba libre incluso dentro de la posibilidad del peor escenario.

I cannot over emphasis the power of this exercise!

¡No puedo dejar de enfatizar suficientemente el poder de este ejercicio!

Good work on your-Self!

¡Buen trabajo en ti mismo!

THE END Volume I
FIN VOLUMEN I

GLOSSARY

Absolute, The
The totality of everything which exists or could exist on all levels, in all worlds, and at all times; more specifically the CONSCIOUSNESS and the understanding which exists at that level and thus comprises the highest possible intelligence.

Accidental Shock
Any event or situation, whether it be a physical, psychological or an emotional event, that generates a momentary and sudden, sharp, focus of attention in the environment and in oneself. We get unified in our instinctive, moving and emotional centers at least momentarily. Usually this creates memory and becomes and unforgettable incident.

Active Force
First Force: that which initiates a change or action. Any substance that acts as first force is also called by Ouspensky "Carbon"

Aphorism
It is a pithy statement of an evident truth concerned with life or nature

Ascending Octave
An octave in which there is growth from the more mechanical to the more intentional or conscious, for example, pieces of wood being given form and purpose by being made into a table. Ascending octaves are characterized by the need for effort, especially at the two semi-tone intervals.

Attention
It is the energy of Presence put in anything, focused. It is One's Spirit or Real "I".

Autoegocrat
I hold myself.

Awakening Exercises
Focused exercises designed to either result in one's initial awakening, or to strengthen and maintain one's awakened state.

Awakening Process
It is the method resulting in the awakened state.

Balance of Centers
The process of paying attention to each of one's centers with the intention of unifying them and acquire conscience and consciousness.

Being

It is the accumulated effect of direct experience. It is a person's ability to experience, and to participate in their own life. The accumulated experience in a particular area, as opposed to merely acquiring knowledge about it, is said to have being in that area. People who have being in cooking, for example, are able to do more than follow a recipe; they can engage many sides of themselves in the preparation of food, and so do it more creatively. It is the way one participates and manifests in one's own life.

Being Apparatus

It is the physical body. The human biological machine

Being Partkdolg-duty

It is the Intentional Suffering and Conscious Labor.

Being Present

It is the practice of paying attention to one's immediate environment, both externally and internally, without IMAGINATION or IDENTIFICATION. Being Present is to be and feel totally alive in the present moment, without mental associations, experiencing totally what the circumstances of the moment are giving to you.

Buffer

It is a psychological mechanism which prevents one from experiencing the reality of the present moment and seeing one's true mechanical condition, in particular, the mechanism by which False Personality protects one's imaginary picture of oneself.

Carriage, the

The complete physical body with its instinctive center as the box, the moving center as the wheels, the emotional center as the horse and the intellectual center as the coachman; the shafts as the chemicals, endorphins, hormones, neuropeptides, etc., and the reins as the visualization and way of communication from the coachman with the horse.

Centers

They are the hypothesized independent intelligent motivations which exist for a human being. Four of these are present in all people: the INSTINCTIVE CENTER, the MOVING CENTER, the EMOTIONAL CENTER, and the INTELLECTUAL CENTER. Each of these centers are further divided into an INSTINCTIVE/MOVING part, an EMOTIONAL part, and an INTELLECTUAL part. The parts are distinguished by the kind of attention which manifests in them. The intellectual parts are characterized by intentional effort to hold and direct attention. The emotional parts function when attention is drawn to and held by something. The instinctive/moving parts function automatically, without awareness, and are sometimes referred to together as the MECHANICAL PART of a center. This division can be carried one level further, to the mechanical, emotional and intellectual parts of each part. Centers, and their parts, are also divided into positive and negative halves. The positive half affirms and leads one toward things which seem beneficial to

www.autotransformacion.com   quintocamino@prodigy.net.mx *that part of that center. The negative half denies and leads one away from things which seem harmful or dangerous to that part of that center. In addition to these four LOWER CENTERS, there are two HIGHER CENTERS: the Higher Emotional and Higher Mental centers. These higher centers exist separately from the machine and manifest in higher states of CONSCIOUSNESS. They can be considered to be the functions of the soul. They are formed by the unification of the lower centers. The union of instinctive, moving and emotional center gives birth to the Higher Emotional Center. The union of the intellectual center, the wholly unified Higher Emotional Center and the I Am, form the Higher Mental Center. In our School we have found that SEX is the energy that feeds each center and it is the duplication principle; Therefore it is not a center. If this duplicating principle is focused in the instinctive center, babies come to life. If it is focused in the moving center, Olympic champions are formed. If it is focused in the emotional center Poets and composers are created. If it is focused in the intellectual center, scholars are formed; If it is focused in the Higher Emotional Center, saints are created and if it is focused in the Higher Mental Center, Enlightened beings are created.*

Chief feature
The predominate weakness at the root of all one's psychological problems. It is the primary trait from which the personality lives and manifests; although the chief feature could be also in Essence. Some of the chief features are: Power, Inner Considering, Fear, Laziness, Vanity, Dominance, Stubbornness, Non-existence, Destructivity, Mechanical Goodness, Naïveté, etc.

Conscience
It is the property of the Higher Emotional Center as expressed in one's feelings. It is the ability to perceive and feel right from wrong and to decide accordingly. It is: "feeling all together".

Conscious Being
A person who has achieved at least the level of MAN NUMBER FIVE and so has created higher being bodies and developed a state of uninterrupted CONSCIOUSNESS independent of the physical body.

Conscious Labor
It is the effort made intentionally with the direction of the Work.

Conscious School
It is a school lead by at least one CONSCIOUS BEING.

Conscious Shock
It is the ability to self-remember and/or transform emotions. Although we have discovered that there are other conscious shocks coming after these referred to in our School as Double or Nothing and Double Plus. The first conscious shock is self-remembering and allows the development of the Higher Emotional Center; the second conscious shock allows one to transform and as a consequence transform one's emotions. In the Double or Nothing shock

one learns to enter into the Higher Mental Center. In the last shock, one learns to achieve impartiality and Objective Reason.

Conscious Teaching
It is a teaching directed by a CONSCIOUS BEING.

Consciousness
It is the ability to use attention to be aware. Consciousness can be measured in terms of what one is aware of, how long that awareness can be maintained, and how deeply profound the awareness is and how often you become aware of that. Consciousness is: "knowing all together," whereas conscience is: "feeling all together."

Crystallization, right and wrong
Right Crystallization is the positive achievement of Real Transformation; it is the achievement of a higher level o being; it is the achievement of the formation of each of the higher being bodies; is the Real and positive unification of ones being into a totality.
Wrong Crystallization is the stagnation suffered by allowing negative imagination lead or way; it is the deviation of the efforts towards right Crystallization. It is the solidification of negative traits and personality's inexactitudes.

Defteroëhary
It is the second step of physical food entering the body, associated with the digestion.

Defteroëhary Astralnomoniano
It is the second step of astral food entering the body, associated with the digestion.

Deputy Steward
It is a group of "I's" that have a permanent direction in relation to the Work and the School.

Divided Attention
It is an intentional effort to be aware of two or more things simultaneously, in contrast with IDENTIFICATION, in which attention is focused on only one thing. More specifically, divided attention leads to SELF-REMEMBERING seen as an effort to be simultaneously aware of one's environment and of oneself within that environment.

Duplication Principle
It is the sex energy that drives the process of reproduction within species. This energy enlivens each center to duplicate as another one similar to itself.

Detachment
It means separation. To see things as they are. Free of identification. It is the ability of viewing things as external, as not belonging to oneself.

Ego
It is expressed in personality. The different masks we use to present and display our life's images. From adolescence on it is the jailor of Essence.

Emotional Center
It is one of the lower functions of the human biological machine. It is the intelligence in a human MACHINE that is expressed as feelings and emotions.

Emotional Jack
It is the mechanical or moving part of the Emotional Center.

Emotional Queen
It is the emotional part of the Emotional Center.

Emotional King
It is the intellectual part of the Emotional Center.

Essence
It is formed by the qualities of the human machine which are inherent at birth. It is formed by the Instinctive Center, the Emotional Center and when unified, the Higher Emotional Center. An experience of essence is often accompanied by a sense of child-like wonder.

Evolution
It is the process of individual development to higher LEVELS OF BEING.

Exioëhary
It is the sixth step in the process of eating the physical food. It is related to the Purification process.

False Personality
It is the group of "I's" attached to false beliefs that yearn to control daily life.

Feed
It is to give energy or attention to something. You can feed each center with your attention. You can feed also the false personality.

Fifth Obligolnian striving
It is the striving always to assist the most rapid perfecting of other beings, both those similar to oneself and those of other forms, up to the degree of the sacred 'Martfotai' that is up to the degree of self-individuality.

First Food
It is the physical food.

First Obligolnian Striving

It is the striving to have in their ordinary being-existence everything satisfying and really necessary for their planetary body.

First State

The state of CONSCIOUSNESS ordinarily called sleep. It is the state in which we are lying dawn in bed, sleeping.

Food

It is the energy and/or attention given to each center. First Food is the physical food, second food is the astral food or air, and third food is the mental food or impressions.

Formatory Apparatus

It is the mechanical part of the intellectual center. One of its peculiarities is that it compares only two things. It likes thinking in extremes. Always looks for the opposite. It is the mechanical memory of the intellectual center. It is the place for storing the tapes named thoughts. It is the registering part of the intellectual center. It is the secretary of the machine. And nevertheless in the sleeping man it is the master.

Four Lower Centers

They are the instinctive, moving, emotional and intellectual centers.

Fourth Obligolnian Striving

It is the striving from the beginning of their existence to pay for their arising and their individuality as quickly as possible, in order afterwards to be free to lighten as much as possible the Sorrow of our COMMON FATHER.

Fourth State

It is a state of higher CONSCIOUSNESS in which a person can be objective both about himself and the world around him. It is associated with the functioning of the Higher Mental Center.

Handbledzoin

It is the animal magnetism acquired through conscious labor and intentional suffering.

Harnel-Aoot

It is the So-La interval in the diatonic musical octave. It is the Disharmony occurred because of the interference of the two major oscillations overlapping in the octave. It is the contradiction experienced between the intellectual center and the higher emotional center.

Harnel-Miatznel

A new arising from the previously arisen through the process which is actualized thus: the higher blends with the lower in order to actualize the middle and thus becomes either higher for the preceding lower, or lower for the succeeding higher.

Heptaparaparshinokh
It is the-line-of-the-flow-of-forces-constantly-deflecting-according-to-law-and-uniting-again-at-its-ends. It is called also the Law of Seven, the Law of Vibrations, and the Law of Octaves.

Heropass
It is the passing of time.

Higher Centers
They are the Higher Emotional and Higher Mental centers. The Higher Emotional center is capable of perceiving the connectedness of all things and is the seat of conscience of conscious love and compassion. The Higher Mental center perceives the laws which govern all things and is the seat of impartiality and objective reason.

Higher Emotional Center
The level of presence experienced in the third state of consciousness. The Higher Emotional center has a feminine hue that may be evoked inadvertently by the gentle shock of out-of-patterns experiences, unexpected impressions, and natural beauty. As a result of work on oneself, it may be evoked consciously by WORK 'I's that promote presence through DIVIDED ATTENTION. ESSENCE aware of itself transforms into the higher emotional center. It is awakened permanently in our Awakening Process named April Fool's. It is the unification specifically of the instinctive, moving and emotional centers. It is called also the re-emerging of Atlantis.

Higher-Intentionally-Actualizing-Mdnel-In
It is the interval Ti-Do. The one pulled by our Creator, to allow Creation to complete itself.

Higher Emotional Jack
It is the moving part of the Higher Emotional Center; the whole Instinctive Center.

Higher Emotional Queen
It is the emotional part of the Higher Emotional Center; the whole Moving Center.

Higher Emotional King
It is the intellectual part of the Higher Emotional Center; the whole Emotional Center.

Higher Mental Center
The level of presence experienced in the fourth state of consciousness, or objective consciousness. Its property is impartiality and objective reason. It is the seat of the Master, the I Am.

Higher Mental Jack
It is the moving part of the Higher Mental Center; the whole Intellectual Center. Its property is Objective Reason.

Higher Mental Queen

It is the emotional part of the Higher Mental Center; the whole Higher Emotional Center. Its property is Impartiality.

Higher Mental King

It is the intellectual part of the Higher Mental Center; the integration of the whole intellectual Center and the whole Higher Emotional Center, to form the I Am. Its property is the Presence of the Master.

Higher States

Higher states are the realm of the Higher Emotional Center and the Higher Mental Center. The Higher Emotional Center appears in the third state. The Higher Mental Center appears in the fourth state.

Higher Will

It is the Real Will acquired when the Higher Centers are at work.

Hydrogens

They are an allegorical reference synonymous with "matter". Hydrogens come in many varieties, from the "coarse" to the "refined". Coarse Hydrogens are associated with heavy matter and lower negative states of conscience, whereas refined Hydrogens are associated with light matter and higher subtle states of conscience.

Identification

It is the state in which all of a person's attention is focused on a single thing to the exclusion of anything else; the opposite of SEPARATION. It is the tendency to place one's sense of identity in things which are external to one's true self or internal like sensations, emotions and thoughts.

Imagination

(1) The state in which a person's attention is devoted to things which are not actually present, often to the complete exclusion of awareness of the immediate environment; the opposite of BEING PRESENT. (2) The condition of believing something to be true which is not true, often used in the phrase, "to be in imagination about...."

Impression

An "impression" is that which is absorbed by the mind during the act of observation. This term is another example of how the Fourth Way sees everything as material, even psychological processes. This term is also used as a label for artwork for example, "I framed some impressions (meaning art pictures) today and hung them on my wall." Another example would be: "look at the beautiful impression of sunset".

Inner Considering

It is a series of negative emotions, such as: regret, resentment, feeling guilty, some times remorse, ashamed, embarrassment, etc.

Instinctive Center
The intelligence in a human MACHINE which controls, or manifests as, instinctive functions, such as the activity of the senses, the growth of the body, the distribution of energy within the body, and so on.

Instinctive Jack
It is the mechanical or moving part of the Instinctive Center.

Instinctive Queen
It is the emotional part of the Instinctive Center.

Instinctive King
It is the intellectual part of the Instinctive Center.

Intellectual Center
It is the intelligence in a human MACHINE which manifests as thought and reason.

Intellectual Jack
It is the mechanical or moving part of the Intellectual Center.

Intellectual Queen
It is the emotional part of the Intellectual Center.

Intellectual King
It is the intellectual part of the Intellectual Center.

Intensive Period
A day, weekend or period of time used to work together as a group of students in order to share time, experiences and practice exercises, movements and physical work. It is also a time in which one learns to Work as a Real Man.

Intentional Suffering
It is the intentional acceptance of all suffering which is a part of all existence

Iraniranumange
It is the common-cosmic-exchange-of-substances.

I's
They are the fragmented and short-lived thoughts, emotions, movements, and sensations which one experiences as an expression of oneself in the moment. Tens of thousands of 'I's mechanically displace each other every few seconds, creating in man the illusion of a single and permanent 'I'. All these 'I's are manifestations of the four LOWER CENTERS.

Level of Being
It is the level of conscience, consciousness, impartiality and reason that a person has in

accordance with his or her evolution.

Life

A derogatory term applied to people outside of "the Work". It is the people who are not active members of Fourth Way schools, or that even being in a School, they don't remember themselves. Also used as an adjective; i.e. "Try to avoid identifying to life events." It is also an abbreviation for "ordinary life".

Lower Centers

The INSTINCTIVE, MOVING, EMOTIONAL and INTELLECTUAL CENTERS,

Law of Seven

See Octave, Law of.

Machine, The

It is the human biological machine functioning automatically, with its own programming or formatorily. It is the physical body when functioning just with the lower centers.

Magnetic Center

They are collection of psychological and spiritual interests which drive one's thirst for additional understanding, which attracts one to an esoteric school. Many groups within the Fourth Way system tend to treat this Magnetic Center almost as though it is a physical organ or object, rather than seeing it as a mental tendency or interest.

Magnetic Center moment

It is a moment in which the instinctive, moving and emotional centers get unified and creates memory. It is an unforgettable moment. The moment could be positive or negative.

Man number 1

It is an ordinary person whose primary motivation in life revolves around pleasures and needs of the physical body. It is a mechanical person, a human biological machine. The spiritual path of a man number 1 is supposedly "the way of the fakir", or the development of higher consciousness by overcoming physical pain and needs.

Man number 2

It is an ordinary person whose primary motivation in life revolves around emotions, relationships, art, music, etc. It is a mechanical person, a human biological machine. The spiritual path of a man number 2 is supposedly "the way of the monk", the way of faith and devotion to a higher power.

Man number 3

It is an ordinary person whose primary motivation in life revolves around the intellect. It is a mechanical person, a human biological machine. The spiritual path of a man number 3 is said to be "the way of the yogi", the way of contemplation and introspection.

Man number 4

A person of who is said to have attained a permanent aim towards the achievement of higher consciousness. He is a balanced man. Not totally a mechanical person and he has begun to stop being a human biological machine. According to the Fourth Way, a person can only become a man number 4 through active involvement with an esoteric school.

Man number 5

It is a person who has "awakened", and who can understand himself without distortion or subjectivity. He/She is no longer a mechanical person, and has stopped being a human biological machine. He/She has transformed him/herself into a human being. It is claimed that a man number 5 also has the Steward or Presence active; that is the awakened Higher Emotional Center with the power of conscience. Atlantis has re-emerged.

Man number 6

It is a person who has achieved "objective consciousness", who can understand not only one's self, but the universe as a whole without distortion or subjectivity. He or she is totally beyond the possibility to lose his/her higher state as a higher human being. He/she has awakened the Master within and has firmly established Objective Reason and Impartiality.

Man number 7

It is a wholly developed person who has permanently achieved "Objective Reason and Impartiality" and who absolutely mastered him/herself. He/she is decisively a whole, higher human being.

Master

It is the state of conscience having the powers of impartiality and objective reason.

Mdnel –In-Mechano-Coinciding-Interval

It is the interval Mi-Fa in the musical octave.

Mechanical

It is an adjective describing behavior or thoughts which go on without conscious awareness, automatically.

Mechanical Life

It is the common life of the human biological machine, lived without a higher purpose, simply existing as any animal.

Megalocosmos

It is the universe.

Meetings

They are the regular gatherings of members of the School to discuss the ideas of the SYSTEM and their application to members' efforts to awaken. Typically, a meeting is lead by a relatively senior member, who asks for questions to which all present share 'angles of thought' and/or personal opinions based on studying. Also students form teams to present subjects to study and discuss.

'Mi-FA' Interval
The first Interval in an ascending Octave, for example, the interval between preparing plans for a project and beginning the actual work. The moment within an octave in which things will change if there isn't a shock that intervenes to keep the direction.

Moving or Motor Center
It is the intelligence in a human MACHINE providing orientation in space and directions to external movements.

Moving Jack
It is the mechanical o moving part of the Moving Center.

Moving Queen
It is the emotional part of the Moving Center.

Moving King
It is the intellectual part of the Moving Center.

Negative Emotions
Any of the emotions, such as anger, jealousy, indignation, self-pity, boredom, anxiety, despair, etc., which are negative in character. They prevent people from seeing and accepting their situation objectively. Because negative emotions are always based on IMAGINATION and IDENTIFICATION, it is possible to transform them through long, hard work on oneself, and this is one of the major emphases of Fourth Way Schools. If you learn how to transform yourself, those emotions get transformed into understanding.

Negativity
It is any negative expression in one of the FOUR LOWER CENTERS, especially when accompanied by a NEGATIVE EMOTION. Negative or threatening postures, complaining, and gossiping are examples of negativity.

Objective exercise
It is an exercise which has an intentional direction and purpose, specifically to bring a higher state of awakening.

Obligolnian Striving
One of the five strivings proposed by Gurdjieff in his book "All and Everything: Tales of Beelzebub to his grandson".

Octave
It is often used to refer to an activity or project as a reminder of its connection to the Law of Octaves.

Octave, Law of (or Law of Seven):

It is a description of the way in which any sequence of events eventually loses its force or direction. Also known as the Law of Seven, this law is embodied in the major musical scale. Each note corresponds to an event in the sequence, with the half-steps between "mi and fa" and "si and do" representing intervals where the progress from one event to the next slows and a deviation or interruption will occur unless a Shock is received from outside the Octave itself. Octaves may be ascending, that is, proceeding from more mechanical and limited manifestations to more intentional, conscious and flexible manifestations. Conversely, they may be descending octaves, in which case the manifestations proceed from those which are more conscious and have more potential to those which are more mechanical and fixed.

Partial awakening

A moment or period of time in which the three centers: instinctive, moving and emotional are unified accidentally from a shock, but it doesn't remain permanently as in Real Awakening.

Piandjioëhary

It is the fifth step in the process of eating physical food; also known as Healing.

Photograph

It is a comment you make to another person when you observe them behaving in a way that is mechanical, lacking in conscious awareness, or against the aims of the School.

Positive Emotion

In the SYSTEM, it is an emotion of the Higher Emotional Center. It differs from the emotions of the positive half of the EMOTIONAL CENTER not only in its depth and understanding but also in the fact that it cannot become a NEGATIVE EMOTION.

Presence

It is the energy that inhabits and gives life to the body. Sometimes is called Spirit.

Processes

According to Ouspensky, all of man's actions can be categorized into six broad categories, called "processes": growth, elimination, healing, putrefaction, digestion, and regeneration.

Protoëhary

It is the first step in the process of eating physical food. It is also called assimilation.

Protoëhary Astralnomoniano

It is the first step in the process of eating the astral food… air. It is also the assimilation of air.

Real Awakening

It is the fact of being in Objective Consciousness and possessing Impartiality and Objective

Reason.

Real School
It is a conscious School.

Reminders
Any element or issue or exercise used to bring more attention to the moment or to help in self-remembering. In higher being students a reminder helps him to return to his awakened state.
Right Work of centers
It is the condition in which each CENTER and each part of each center responds only to the stimuli which are appropriate to it; contrasted with wrong work of centers. As an example, in a tennis game, a right work of centers would be letting only the moving center in charge. If the intellectual center interferes, the ball hits the net and that would be wrong work of centers. If the emotional center interferes, the ball goes far away and that would also be wrong work of centers.

Resulzarion
It is the seventh step in the process of eating the physical food. It is called also regeneration.

Self Will
It is the will of the human biological machine. It is also the will of the ego or anyone of the lower centers.

Self-Observation
The practice of being aware of the human biological machine's functions at the same time as one is aware of one's actions and environment; being aware of the manifestations of one's machine, without judgment
.

Self-Remembering
It is the so called third state of consciousness. It is the state generated by the persistent practice of dividing attention. It is the state created through unifying the instinctive, moving and emotional centers. It is the state in which we perceive we are aware that we are aware of the doings of the machine. When one center is aware of other center, that is the beginning of self-observation, but it is not the state of Self-Remembering.

Second Food
It is the food for the Astral Body, it is the air.

Second Obligolnian Striving
It is the striving to have a constant and unflagging instinctive need for self-perfection in

the sense of being.

Second State
It is the ordinary state of CONSCIOUSNESS of most people, in which they act and react with little or no awareness of themselves, that is, without SELF-REMEMBERING. For this reason it is called "sleep."

Separation
The practice of maintaining a sense of self separate from one's actions, environment and the experience of the moment; the aspect of SELF-REMEMBERING which involves a withdrawal of a part of one's attention from one's experiences and using it to be aware of that within one which registers, or is aware of, those experiences. The emphasis is on the fact that the part which registers the experience is not directly involved in or affected by the experience.

Sex
It is the duplication principle by means of which every organic being reproduces itself.

'SI-DO' Interval
It is the interval at the end of an ascending Octave, for example, the struggle to bring a project to a final state of completion and clear up the loose ends.

Shock
It is a moment in which all the centers get unified because of the unexpected situation. There are accidental shocks and conscious shocks. The first just happen, the second are provoked intentionally.

Sleep
It is the second state of CONSCIOUSNESS in which the four LOWER CENTERS function with little or no awareness, and without SELF-REMEMBERING. It is also called the vigil state or awaken-asleep. It is the state in which most human beings exist.

State of consciousness
It is a man's degree of CONSCIOUSNESS in a particular moment, generally measured in terms of the FIRST, SECOND, THIRD AND FOURTH STATES.

Steward
It is also called Atlantis. The unification of the three lower centers: Instinctive, Moving and Emotional Center. It is also called Christ. It is the way towards the Higher Mental Center or The Father. Its power is conscience and the ability to see objectively ourselves.

Stopinder
It is an interval between each note in the Enneagram.

Subjugate

It is to bring under complete control or subjection; to conquer; to master.

Submit the self-will

It is to surrender the will of the human biological machine to a higher will or to an aim in a certain direction and with certain intention.

Suffering

There are four ways of suffering: Unnecessary Suffering, Unavoidable Suffering, Voluntary Suffering and Intentional Suffering. The first is Unnecessary Suffering. This would be the type of suffering that we incur because of our unreasonable attitudes and expectations towards others, from our ill-will, hatred and rejection of others, from doubt, possessiveness, arrogance and self pity. In other words, it would be suffering arising from our self-importance. The second is Unavoidable Suffering. This would be the type of suffering that comes to us by accident or from events beyond our control, such as interpersonal conflicts, war, disaster, disease or death. Third, we have Voluntary Suffering. This would be the type of suffering that we take upon ourselves in order to accomplish a personal aim, such as an athlete who disciplines himself to win a race, or a student who labors to get good grades. And finally we have Intentional Suffering. This would be the kind of suffering that we take upon ourselves in order to accomplish an impersonal or altruistic goal, one that is directed more towards service to others or to the Work, and not for any personal gain.

Task

Every exercise suggested at every class and proposed for the week, like an awakening exercise.

Tetartoëhary

It is the fourth step in the process of eating physical food; it is called also elimination.

Tetartocosmos

A Human biological machine,

The Work

It is all the ideas and practices conducive to awaken conscience, objective consciousness, impartiality and objective reason.

Third Food

It is the food of the mental higher being body, the impressions

Third Obligolnian Striving

It is the conscious striving to know ever more and more concerning the laws of World-creation and World-maintenance.

Third State

A state of CONSCIOUSNESS, induced by efforts of SELF-REMEMBERING, in which a man SEPARATES from his personality and observes himself objectively. It is characterized by self-awareness and an absence of IDENTIFICATION and IMAGINATION, but lacks the ability to be fully objective about the external world.

Three-brain-being
It is a complete and awakened human being, with its six centers fully developed.

Three Lines of Work
First line: Work in yourself, practicing the suggested exercises leading to awakening. Second line: Work with other students and for other students. Third line: Work for the School.

To Do
Gurdjieff stated that mechanical man can not "do". Therefore, in order to be able "to do" we have to awaken and be one. And then the only possible thing "to do" is TO BE.

Transformation of negative Emotions
It is the practice of turning a NEGATIVE EMOTION into a POSITIVE EMOTION. It begins with the effort of SEPARATING from the negative emotion by not expressing or justifying it, and then involves intentionally choosing to experience the cause of the negative emotion in a way which evokes understanding rather than negativity. For example, if one is reacting negatively to a rainstorm, one might instead cause oneself to look at the rain from the point of view of the good it does.

Transformation
The practice of SEPARATING from suffering and experiencing it in such a way that it can be accepted freely and without NEGATIVITY. In its highest expression, transformation involves the activity of HIGHER CENTERS and leads to powerful experiences of increased CONSCIOUSNESS.

Triamazikamno
It is called also the Law of Three Forces. Positive, Negative and Neutralizing.

Tritoëhary
It is the third step in the process of eating physical food, also called Putrefaction or Crime.

Tritoëhary-Astralnomoniano
It is the third step in the process of eating astral food or air, also called Putrefaction or Crime.

Trogoautoegocrat
I eat and hold myself.

True Personality
Personality based on an understanding of one's Essence and the need of one's Work, and which therefore serves and promotes both Essence and the Work; opposed to False Personality, which is contrary to the true needs of Essence and the Work.

Uncertainty Principle
The principle presented by Heisenberg: In classical physics, it was believed that if one knew the initial state of a system with infinite precision, one could predict the behavior of the system infinitely far into the future. According to quantum mechanics, however, there is a fundamental limit on the ability to make such predictions, because of the inability to define the initial data with unlimited precision.

Verify
It is to convince oneself of the truth of the ideas of the System as a result of direct personal experience. The emphasis is on the idea that more is required than intellectual activity.

Voluntary Aims
An aim chosen personally and not forced or suggested by others.

Work Faces
They are the fake postures for pretending to be remembering yourself as a way for the personality to use the Work, instead of really working in yourself.

Work I's
They are the 'I's which remind a person to make efforts to further his Work to awaken.

Work Octave
Jargon for activity organized by the School. For example, "the work octave for this weekend is to paint the walls of the main bedroom." In theory, students engage in work octaves to practice applying the ideas learned during the week.

Wrong work of centers
It is the condition in which the FOUR LOWER CENTERS and their various parts routinely react to stimuli in ways not appropriate to them. Examples include becoming emotional about balancing a checkbook, responding logically to another person's emotional distress, and fidgeting or feeling ill when experiencing unpleasant emotions.

GLOSARIO

Absoluto, El

La totalidad de todo lo que existe o podría existir en todos los niveles, en todos los mundos y en todos los tiempos; más específicamente, la CONSCIENCIA y la comprensión que existe en ese nivel y comprende así la inteligencia más alta y posible.

Aforismo

Es una afirmación concisa de una verdad evidente respecto a la vida o la naturaleza.

Alimentar

Es darle energía o atención a algo. Puedes alimentar a cada centro con tu atención. Puedes también alimentar la falsa personalidad.

Amo

Es el estado de consciencia que tiene los poderes de la imparcialidad y la Razón Objetiva.

Amortiguador

Es un mecanismo psicológico que nos evita experimentar la realidad del momento presente y ver nuestra verdadera condición mecánica, en particular es el mecanismo por el que la Falsa Personalidad protege la imagen que tenemos de nosotros mismos.

Aparato del Ser

Es el cuerpo físico, la máquina biológica humana.

Aparato Formatorio

Es la parte mecánica del centro intelectual. Una de sus peculiaridades es que compara únicamente dos cosas. Le gusta pensar en extremos. Siempre busca lo opuesto. Es la memoria mecánica del centro intelectual. Es el lugar de almacenaje de las cintas llamadas pensamientos. Es la parte que registra en el centro intelectual. Es la secretaria de la máquina. Y sin embargo, en el hombre dormido es el amo.

Atención

Es la energía de la Presencia puesta en cualquier cosa, enfocada. Es nuestro espíritu ó Yo Real.

Atención Dividida

Es un esfuerzo intencional por darse cuenta de dos o más cosas simultáneamente, en contraste con IDENTIFICACIÓN, en la que la atención está enfocada en solo una cosa. Más específicamente, la atención dividida conduce al RECUERDO DE SÍ visto como un esfuerzo por darse cuenta simultáneamente de nuestro medio ambiente y de uno mismo dentro de ese medio ambiente.

Autoegócrata

Yo me sostengo a mi mismo.

Auto-Observación

Es la práctica de ser conscientes de las funciones de la máquina biológica humana al mismo tiempo de que uno es consciente de nuestras acciones y del medio ambiente; estar consciente de las manifestaciones de nuestra máquina sin juicios.

Auto-Voluntad

La voluntad de la máquina biológica humana. La voluntad del ego o cualquiera de los centros inferiores.

Caras de Trabajo

Son las falsas posturas para pretender estar recordándose a uno mismo, como una forma de la personalidad para usar el Trabajo, en lugar de trabajar realmente en uno mismo.

Carruaje, el

El cuerpo físico complete con su centro instintivo como la caja, el centro motriz como las ruedas, el centro emocional como el caballo y el centro intelectual como el cochero; las varas como los químicos, endorfinas, hormonas, neuropéptidos, etc., y las riendas como la visualización y la forma de comunicación del cochero con el caballo.

Centro Emocional

Es una de las funciones inferiores de la máquina biológica humana. Es la inteligencia en una MÁQUINA humana que es expresada como sentimientos y emociones.

Awakening Exercises- Ejercicios Despertadores
Miguel Angel Sosa Cravioto

Centros

Son las hipotéticas motivaciones inteligentes e independientes qué existen en un ser humano. Cuatro de estas están presentes en toda la gente: el CENTRO INSTINTIVO, el CENTRO MOTRIZ, el CENTRO EMOCIONAL, y el CENTRO INTELECTUAL. Cada uno de estos centros está más profundamente dividido en una parte INSTINTIVA/ MOTRIZ, una parte EMOCIONAL, y una parte INTELECTUAL. Las partes se distinguen por la clase de atención que se manifiesta en ellas. Las partes intelectuales se caracterizan por el esfuerzo intencional para sostener y dirigir la atención. Las partes emocionales funcionan cuando la atención es atraída y sostenida por algo. Las partes instintiva/motriz funcionan automáticamente, sin darnos cuenta, y algunas veces nos referimos a ellas en conjunto como la PARTE MECÁNICA de un centro. Esta división puede ser llevada a un nivel más profundo, a las partes mecánica, emocional e intelectual de cada una de las partes. Los centros y sus partes también están divididos en sus mitades positiva y negativa. La mitad positiva afirma y nos conduce hacia las cosas que parecen benéficas para esa parte del centro. La mitad negativa niega y nos aleja de las cosas que le parecen dañinas o peligrosas para esa parte del centro. Además de estos cuatro CENTROS INFERIORES, hay dos CENTRO SUPERIORRES, el Centro Emocional Superior y el Centro Mental Superior. Estos centros superiores existen separadamente de la máquina y se manifiestan en los estados superiores de CONCIENCIA. Pueden ser considerados como las funciones del alma. Se forman por la unificación de los centros inferiores. La unión del centro instintivo, motriz y emocional da nacimiento al Centro Emocional Superior. La unión del centro intelectual, del Centro Emocional Superior totalmente unificado y del Yo Soy, forman el Centro Mental Superior. En nuestra Escuela hemos encontrado que el SEXO es la energía que alimenta a cada centro y es el principio duplicador; por lo tanto no es un centro. Si este principio duplicador es enfocado en el centro instintivo, llegan bebés a la vida. Si es enfocado en el centro motriz, se forman campeones olímpicos. Si es enfocado en el centro emocional se crean poetas y compositores. Si es enfocado en el centro intelectual, se forman eruditos; si es enfocado en el Centro Emocional Superior, se crean santos y si es enfocado en el Centro Mental Superior, se crean seres iluminados.

Centro Emocional Superior

Es el nivel de presencia experimentado en el tercer estado de consciencia. El Centro Emocional Superior tiene un tinte femenino que puede ser evocado inadvertidamente por el choque amable de experiencias fuera de patrón, impresiones inesperadas y por la belleza natural.   Como resultado del trabajo sobre uno mismo, puede ser evocado conscientemente por los "yoes" de TRABAJO que promueven la presencia a través de la

ATENCIÓN DIVIDIDA. La ESENCIA consciente de sí misma se transforma en el Centro Emocional Superior. Es despertada permanentemente en nuestro Proceso del Despertar llamado "April fool's". Es la unificación específicamente de los centros instintivo, motriz y emocional. También se le llama la Atlántida re-emergida.

Centro Instintivo

La inteligencia en una MÁQUINA humana que controla o se manifiesta como función instintiva como la actividad de los sentidos, el crecimiento del cuerpo, la distribución de la energía en el cuerpo, etc.

Centro Intelectual

La inteligencia en una MÁQUINA humana que se manifiesta como pensamiento y razón.

Centro Magnético

Es la colección de intereses psicológicos y espirituales que impulsan nuestra sed de comprensión adicional y que lo atrae a uno hacia una escuela esotérica. Muchos grupos dentro del sistema del Cuarto Camino tienden a tratar al Centro Magnético casi como si fuera un órgano físico ó un objeto, en lugar de verlo como una tendencia mental o un interés.

Centro Mental Superior

Es el nivel de presencia experimentado en el cuarto estado de consciencia o conciencia objetiva. Su propiedad es la imparcialidad y la razón objetiva. Es el asiento del Amo, el Yo Soy.

Centros Inferiores

Los Centros: INSTINTIVO, MOTRIZ, EMOCIONAL E INTELECTUAL.

Centro Motor o Motriz

Es la inteligencia en la MÁQUINA humana que le da orientación en el espacio y dirección a sus movimientos externos.

Centros Superiores

Son los centros Emocional Superior y Mental Superior. El Centro Emocional Superior es capaz de percibir la conexión de todas las cosas y es el asiento de la conciencia, del amor consciente y de la compasión. El Centro Mental Superior percibe las leyes que gobiernan todas las cosas y es el asiento de la imparcialidad y de la razón objetiva.

Choque

Es un momento en el que todos los centros se unifican debido a una situación inesperada. Hay choques accidentales y choques conscientes. Los primeros solo suceden, los segundos son provocados intencionalmente.

Choque accidental

Cualquier evento o situación, tanto física como psicológica o emocional, que genere un enfoque momentáneo, repentino, agudo de la atención en el medio ambiente y en uno mismo. Nos unificamos en nuestros centros instintivo, motriz y emocional al menos momentáneamente. Usualmente eso crea memoria y se vuelve un incidente inolvidable.

Choque consciente

Es la habilidad para recordarse y/o transformar emociones. Aunque hemos descubierto que hay otros choques conscientes que vienen después de éstos referidos en nuestra Escuela como Doble o Nada y Doble plus. El primer choque consciente es el recuerdo de sí y permite el desarrollo del Centro Emocional Superior; el segundo choque consciente nos permite la transformación y como una consecuencia transforma nuestras emociones. En el choque del Doble o Nada uno aprende a entrar al Centro Mental Superior. En el último choque, uno aprende a lograr la imparcialidad y la Razón Objetiva.

Comida

Es la energía y/o la atención dada a cada centro.

Conciencia

Es la propiedad del Centro Emocional Superior como es expresada en nuestros sentimientos. Es la habilidad para percibir y sentir lo correcto de lo incorrecto y decidir de conformidad con ella. Es "sentir todo de conjunto".

Consciencia (con "sc")

Es la habilidad de usar la atención para darnos cuenta. La "consciencia" puede ser medida en términos de lo que uno se da cuenta, de qué tanto dura ese "darse cuenta" y puede ser mantenido y de qué tan profundo ese darse cuenta es y de qué tan frecuentemente te das cuenta de ello. "Consciencia" es "saber todo de conjunto".

Consideración Interna

Es una serie de emociones negativas tales como: pesar, resentimiento, culpabilidad, algunos tipos de remordimiento, vergüenza, ofuscación, etc.

Cuarto Estado de Consciencia

Es un estado de CONSCIENCIA superior en el que una persona puede ser objetiva tanto acerca de sí misma como del mundo a su alrededor. Está asociado con el funcionamiento del Centro Mental Superior

Cuatro Centros Inferiores

Son el centro instintivo, motriz, emocional e intelectual.

Desapego

Significa separación. Ver las cosas como son. Libre de identificación. Es la habilidad para ver las cosas como externas, como no pertenecientes a uno mismo.

Despertadores

Cualquier elemento, cosa o ejercicio usado para traer más atención al momento o para ayudar a recordarse. En los estudiantes de ser superior, es un recordador que le ayuda a regresar a su estado de despierto.

Despertar Parcial

Un momento o período de tiempo en el que los tres centros: instintivo, motriz y emocional son unificados accidentalmente por un choque, pero que no se queda permanentemente como un Despertar Real.

Despertar Real

Es el hecho de estar en Consciencia Objetiva y poseer Imparcialidad y Razón Objetiva.

Defteroëhary

Es el segundo paso en el proceso del alimento físico también llamado digestión.

Defteroëhary Astralnomoniano

Es el segundo paso en el proceso del alimento astral o aire, también llamado digestión.

Ego

Es expresado en la personalidad. Las diferentes máscaras que usamos para presentarnos y mostrar las imágenes de nuestra vida. Desde la adolescencia es el carcelero de la Esencia.

Ejercicios Despertadores

Ejercicios enfocados y diseñados ya sea para tu despertar inicial o para fortalecer y mantener nuestro estado de despiertos.

Ejercicio Objetivo

Es un ejercicio que tiene una dirección y propósito intencional, específicamente para llevarnos a un estado superior de despertar.

Emociones Negativas

Cualquiera de las emociones, tales como ira, celos indignación, auto-compasión, aburrimiento, ansiedad, desesperación, etc., que son de carácter negativo. Ellas evitan que la gente vea y acepte su situación objetivamente. Ya que las emociones negativas están basadas siempre en IMAGINACIÓN, y en IDENTIFICACIÓN, es posible transformarlas a través de largo y duro trabajo en uno mismo, y éste es el mayor énfasis de las Escuelas del Cuarto Camino. Si aprendes a transformarte, esas emociones se transforman en comprensión.

Emoción Positiva

En el SISTEMA, es una emoción del Centro Emocional Superior. Se diferencia de las emociones de la mitad positiva del CENTRO EMOCIONAL, no únicamente en su profundidad y comprensión sino también en el hecho de que no se puede volver una EMOCIÓN NEGATIVA.

Enseñanza consciente

Es una enseñanza dirigida por un SER CONSCIENTE.

Equilibrio de los Centros

Es el proceso de poner atención a cada uno de los centros con la intención de unificarlos y adquirir consciencia y conciencia.

Escuela Consciente

Es una escuela dirigida por al menos un SER CONSCIENTE y CONCIENTE.

Escuela Real

Es una Escuela Consciente y es dirigida por uno o más seres conscientes.

Esencia

Está formada por las cualidades de la máquina humana que son inherentes al nacer. Está formada por el Centro Instintivo, el Centro Emocional y cuando está unificado, el Centro Emocional Superior. Una experiencia de esencia está frecuentemente acompañada por un sentido de maravillarse como niño.

Esfuerzo Obligolniano

Uno de los cinco esfuerzos propuestos por Gurdjieff en su libro "De Todo y Todas las Cosas: Relatos de Belcebú a su Nieto" .

Estados Superiores

Los estados superiores son el reino del Centro Emocional Superior y el Centro Mental Superior. El Centro Emocional Superior aparece en el tercer estado. El Centro Mental Superior aparece en el cuarto estado.

Estado de Consciencia

El grado de CONSCIENCIA de un hombre en un momento en particular, generalmente medido en términos del PRIMERO, SEGUNDO, TERCERO Y CUARTO ESTADOS.

Estar Presente

Es la práctica de poner atención a nuestro medio ambiente inmediato, tanto externa como internamente, sin IMAGINACIÓN ó IDENTIFICACIÓN. Estar Presente es estar y sentirte totalmente vivo en el momento presente, sin asociaciones mentales, experimentando totalmente lo que las circunstancias del momento te están dando.

Evolución

Es el proceso del desarrollo individual hacia NIVELES DE SER superiores.

Exioëhary

Es el sexto paso en el proceso de la ingestión del alimento físico, también llamado

Purificación.

Falsa Personalidad

Es un grupo de "yoes" apegados a falsas creencias que anhelan controlar la vida diaria.

Fotografía

Es un comentario que le haces a otra persona cuando la observas comportándose de una manera mecánica, con falta de consciencia o en contra de las metas de la Escuela.

Fuerza Activa

La primera fuerza: esa que inicia la acción o el cambio. Cualquier sustancia que actúa como primera fuerza es también llamada por Ouspensky "Carbono".

Hacer

Gurdjieff afirmó que el hombre mecánico no puede "hacer". Por lo tanto, para ser capaces de "hacer" tenemos que despertar y ser uno. Y entonces la única cosa posible para "hacer" es SER.

Handbledzoin

Es el magnetismo animal adquirido a través de la labor consciente y el sufrimiento intencional.

Harnel-Aoot

Es el intervalo Sol-La en la octava musical. Es el intervalo en el que se entrelazan dos de las oscilaciones mayores que lo desarmonizan. Es la contradicción que se vive entre el centro intelectual y el surgimiento del centro Emocional Superior.

Harnel-Miatznel

Un nuevo surgimiento de lo previamente surgido a través del proceso que se actualiza así: lo superior se mezcla con lo inferior para actualizar lo medio y así llegar a ser o superior para el inferior precedente, o inferior para el superior subsiguiente.

Heptaparaparshinokh

Es la Ley de Siete, la Ley de Vibraciones, la Ley de Octavas. Es la-línea-del-flujo-de-fuerzas-constantemente-desviandose-de-conformidad-con-la-ley-y-uniéndose-otra-vez-en-sus-terminaciones.

Heropass

Es el paso del Tiempo.

Hidrógenos

Es una referencia alegórica sinónimo de "materia". Los hidrógenos vienen en muchas variedades, desde el "burdo" hasta el "refinado". Los Hidrógenos burdos son asociados con la materia pesada y los estados negativos bajos de la conciencia, mientras que los Hidrógenos refinados son asociados con la materia ligera y los estados superiores sutiles de la conciencia.

Hombre número 1

Es una persona ordinaria cuya motivación primaria en la vida gira alrededor de los placeres y las necesidades del cuerpo físico. Es una persona mecánica, una máquina biológica humana. El camino espiritual de un hombre número 1 es supuestamente "el camino del fakir", o el del desarrollo de la conciencia superior doblegando el dolor y las necesidades físicas.

Hombre número 2

Es una persona ordinaria cuya motivación primaria en la vida gira alrededor de las emociones, las relaciones, el arte, la música, etc. Es una persona mecánica, una máquina biológica humana. El camino espiritual de un hombre número 2 es supuestamente "el camino del monje", el camino de la fe y la devoción a un poder superior.

Hombre número 3

Es una persona ordinaria cuya motivación primaria en la vida gira alrededor del intelecto. Es una persona mecánica, una máquina biológica humana. El camino espiritual de un hombre número 3 se dice que es "el camino del yogui", el camino de la contemplación y la introspección.

Hombre número 4

Una persona quien se dice haber obtenido una meta permanente hacia el logro de la consciencia superior. Es un hombre equilibrado. No es totalmente una persona mecánica y ha empezado a dejar de ser una máquina biológica humana. De acuerdo con el Cuarto Camino, una persona puede únicamente volverse un hombre número 4 a través del enfrascamiento activo dentro de una escuela esotérica.

Hombre número 5

Es una persona que ha "despertado", y que puede comprenderse a sí misma sin distorsión o subjetividad. Ya no es una persona mecánica y ha dejado de ser una máquina biológica humana. Se ha transformado a si misma en un ser humano. Se dice que un hombre número 5 también tiene el Mayordomo o la Presencia activa; eso es el Centro Emocional Superior despierto con el poder de la conciencia. La Atlántida ha re-emergido.

Hombre número 6

Es una persona que ha logrado la "consciencia objetiva" y que puede comprender no solamente a sí mismo, sino el universo como un todo, sin distorsión ni subjetividad. Está totalmente más allá de la posibilidad de perder su estado superior como un ser humano superior. Ha despertado al Amo dentro de sí y ha establecido firmemente la Razón Objetiva y la Imparcialidad.

Hombre número 7

Es una persona totalmente desarrollada y que ha logrado permanentemente la "Razón Objetiva y la Imparcialidad"y quien es absolutamente dueña de sí misma. Es decisivamente un ser humano superior y total.

Identificación

Es el estado en el que toda la atención de una persona está enfocada en una sola cosa con exclusión de cualquier otra cosa; lo opuesto de SEPARACIÓN. Es la tendencia a colocar nuestro sentido de identidad en cosas que son externas a nuestro verdadero ser o en sensaciones internas, emociones y pensamientos.

Imaginación

(1) El estado en el que la atención de una persona está dedicado a cosas que no son el presente actual, frecuentemente con la exclusión completa de la conciencia del medio ambiente inmediato; lo opuesto de ESTAR PRESENTE. (2) La condición de creer algo como verdadero y que no es verdadero, frecuentemente usado en la frase "estar en imaginación acerca de…".

Impresión

Una "impresión" es aquello que es absorbido por la mente durante el acto de observación. Este término es otro ejemplo de cómo el Cuarto Camino ve todo como material, incluso los procesos psicológicos. Este término es usado también como una etiqueta para el trabajo artístico; por ejemplo: "hoy enmarqué algunas impresiones (es decir pinturas de arte) y las colgué en la pared". Otro ejemplo podría ser: "observa la bella impresión de la puesta del sol".

Iraniranumange
Es el intercambio cósmico-común-de-substancias.

Intervalo "Si-Do"
Es el intervalo al final de una Octava ascendente, por ejemplo, la lucha por llevar un proyecto a un estado final de terminación y despejar los cabos sueltos.

Jack o Joto
Es la parte mecánica o motriz de cada centro.

Labor Consciente
Son los esfuerzos hechos intencionalmente en dirección del Trabajo.

Máquina, la
La máquina biológica humana funcionando automáticamente, con sus propios programas o formatoriamente. Cuando solo funcionan los centros inferiores.

Mayordomo
También es llamado la Atlántida. La unificación de los tres centros inferiores: Instintivo, Motriz y Emocional. También es llamado Cristo. Es el camino hacia el Centro Mental Superior o El Padre. Su poder es la Conciencia y la habilidad para vernos a nosotros mismos objetivamente.

Mayordomo Suplente
Es un grupo de "yoes" que tienen una dirección permanente en relación con el Trabajo y la Escuela.

Mdnel-In-Mecánico-Coincidente
Es el intervalo Mi-Fa en la octava musical.

www.autotransformacion.com   quintocamino@prodigy.net.mx

Mecánico(a)

Es un adjetivo que describe el comportamiento o pensamientos que continúan sin conciencia de sí, automáticamente.

Megalocosmos

Es el universo.

Metas Voluntarias

Una meta escogida personalmente y no forzada o sugerida por otros.

"Mi-Fa"

Es el primer intervalo de retardación en una Octava ascendente, por ejemplo el intervalo entre preparar los planes para un proyecto y empezar el trabajo en sí. El momento dentro de una octava en el cual las cosas cambiarán si no hay un choque que intervenga para mantener la dirección.

Momento de Centro Magnético

Es un momento en el que los centros Instintivo, Motriz y Emocional se unifican y crean memoria. Es un momento inolvidable. El momento podría ser positivo o negativo.

Negatividad

Es cualquier expresión negativa en uno de los CUATRO CENTROS INFERIORES, especialmente cuando es acompañada de EMOCIÓN NEGATIVA. Ejemplos de negatividad son las posturas negativas o amenazantes, el quejarse y el chisme.

Nivel de Ser

Es el nivel de conciencia, consciencia, imparcialidad y razón que esa persona tiene en concordancia con su evolución.

Octava

Es frecuentemente usada para referirse a una actividad o proyecto como un recordatorio de su conexión con la Ley de Octavas.

Octava Ascendente

Una octava en la que hay crecimiento desde lo más mecánico hasta lo más intencional o consciente, por ejemplo, piezas de madera dándoles forma y propósito al convertirlas en una mesa. Las octavas ascendentes son caracterizadas por la necesidad de esfuerzo, especialmente en los dos intervalos ó semitonos.

Octava de Trabajo

Terminología usada para una actividad organizada por la Escuela. Por ejemplo: "la octava de Trabajo para este fin de semana es pintar las paredes de la recámara principal". En teoría, los estudiantes se comprometen en octavas de Trabajo para practicar la aplicación de las ideas aprendidas durante la semana.

Octava, Ley de (ó Ley de siete)

Es una descripción de la forma en la que cualquier secuencia de eventos pierde eventualmente su fuerza o dirección. También es conocida como Ley de Siete. Esta ley está incorporada en la escala musical mayor. Cada nota corresponde con un evento en la secuencia, con la mitad de los pasos entre "mi y fa" y "si y do", representando intervalos en donde el progreso de un evento al siguiente disminuye y una desviación o interrupción ocurrirá, a menos que sea recibido un choque desde fuera de la misma octava. Las octavas pueden ser ascendentes, es decir, proceder de las manifestaciones más mecánicas y limitadas a las más intencionales, conscientes y flexibles. Inversamente, pueden haber octavas descendentes en cuyo caso las manifestaciones proceden de aquéllas que son más conscientes y tienen más potencial a aquellas que son más mecánicas y fijas.

Parkdolg-deber-del-Ser

Es el Sufrimiento Intencional y la Labor Consciente.

Período Intensivo

Un día, fin de semana ó período de tiempo usado como grupo de estudiantes para compartir tiempo, experiencias y para practicar ejercicios, movimientos y trabajo físico. Es también un tiempo en el que se aprende a Trabajar como Hombre Real.

Personalidad Verdadera

Es la personalidad basada en la comprensión de nuestra Esencia y en las necesidades de nuestro Trabajo, y que sirve por lo tanto y promueve tanto a la Esencia como al Trabajo; en oposición a la Falsa Personalidad, que es contraria a las verdaderas necesidades de la Esencia y del Trabajo.

Piandjioëhary

Es el quinto paso en el proceso de la ingestión de alimento físico también llamado Curación.

Piandjioëhary Astralnomoniano

Es el quinto paso en el proceso de la ingestión del alimento astral o aire, también llamado Curación.

Presencia

Es la energía que habita y da vida al cuerpo físico. Algunas veces es llamado Espíritu.

Primero Alimento del Ser

Es la comida física.

Primer Estado

Es el estado de CONSCIENCIA llamado ordinariamente "sueño". Es el estado en el que estamos acostados en la cama y durmiendo.

Principio de Incertidumbre

Es el principio presentado por Heisenberg: En física clásica, se creía que si uno sabía el estado inicial de un sistema con precisión infinita, uno podría predecir el comportamiento del sistema al infinito en el futuro. De acuerdo con la mecánica cuántica no obstante, hay un límite fundamental en la habilidad de hacer tales predicciones, por la inhabilidad para definir los datos iniciales con precisión ilimitada.

Principio Duplicador

Es la energía sexual que incita el proceso de la reproducción entre las especies. Esta energía vivifica a cada centro para duplicarse como otro similar a sí mismo.

Procesos

De acuerdo con Ouspensky, todas las acciones del hombre pueden ser clasificadas en seis amplias categorías llamadas "procesos": crecimiento, eliminación, curación, putrefacción, digestión y regeneración.

Proceso del Despertar

Es el método que genera el estado de despierto.

Protoëhary del Ser

Es el primer paso en la ingestión de alimento físico, también llamado Asimilación.

Protoëhary Astralnomoniano

Es el primer paso en la ingestión del alimento astral o aire, también llamado Asimilación.

Quinto esfuerzo obligolniano

Es el esfuerzo por asistir siempre al más rápido perfeccionamiento de otros seres, tanto de aquellos similares a uno mismo como de aquellos de otras formas, hasta el grado del sagrado 'Martfotai', es decir, hasta el grado de auto-individualidad

Rasgo principal

Es la debilidad predominante en la raíz de todos nuestros problemas psicológicos. Es la característica principal desde la que la personalidad vive y se manifiesta, aunque el rasgo principal podría también estar en esencia. Algunos de los rasgos principales son: Poder, Consideración Interna, Miedo, Pereza, Vanidad, Dominancia, Terquedad, No-existencia, Destructividad, Bondad Mecánica, Ingenuidad, etc.

Recuerdo de Sí (Auto-recuerdo)

Es el llamado tercer estado de consciencia. Es el estado generado por la práctica persistente de la división de atención. Es el estado que se crea al unificar los centros instintivo, motriz y emocional. Es el estado en el que percibimos que nos damos cuenta de que nos estamos dando cuenta de los quehaceres de la máquina. Cuando un centro se da cuenta de otro centro, eso es un principio de auto-observación, pero no el estado de Recuerdo de Sí.

Resulzarion

Es el séptimo paso en el proceso de ingestión del alimento físico, también llamado Regeneración.

Reina o Quina

Es la parte emocional de cualquiera de los centros.

Reuniones

Son las sesiones regulares de miembros de la Escuela para discutir las ideas del SISTEMA y su aplicación a los esfuerzos de los miembros por despertar. Típicamente, una reunión es conducida por un miembro de relativamente más tiempo en la Escuela, quien pide preguntas a las que todos los presentes responden con "ángulos de pensamiento" y/o opiniones propias basadas en lo estudiado. También los estudiantes forman equipos para presentar temas, para estudiar y para discutir.

Rey

Es la parte intelectual de cualquiera de los centros.

Segundo Estado

Es el estado ordinario de CONSCIENCIA de la mayoría de la gente, en el que actúan y reaccionan con poca o ninguna conciencia de sí mismos, es decir, sin RECUERDO-DE-SI. Por esta razón es llamado "sueño".

Segundo Alimento del Ser

Es el Aire o alimento del cuerpo Astral.

Separación

Es la práctica de mantener un sentido de estar separado de nuestras acciones, del medio ambiente y de la experiencia del momento; el aspecto del RECUERDO-DE-SI que involucra una retirada de una parte de nuestra atención de nuestra experiencia y usarla para estar conscientes de aquello dentro de uno, que registra o se da cuenta de esas experiencias. El énfasis está en el hecho de que esa parte que registra la experiencia no está directamente involucrada o afectada por la experiencia.

Ser

Es el efecto acumulado de la experiencia directa. Es la habilidad de una persona para experimentar y participar en su propia vida. La experiencia acumulada en un área en particular, como opuesta a simplemente adquirir conocimiento acerca de ella, se dice que es tener ser en esa área. Gente que tiene ser en cocinar, por ejemplo, son capaces de hacer más que seguir una receta; pueden comprometerse en muchos lados de sí mismos en la preparación de alimento, y hacerlo más creativamente. Es la manera en que uno participa y se manifiesta en la vida.

Ser Consciente

Es una persona que ha logrado al menos el nivel de HOMBRE NÚMERO CINCO y así ha creado sus cuerpos superiores, y desarrollado un estado de conciencia de sí ininterrumpido e independiente del cuerpo físico.

Ser Tricerebral

Es el ser humano completo, con sus seis centros integrados y despierto.

Sexo

Es el principio duplicador por medio del cual cada ser orgánico se reproduce a sí mismo.

Someter la auto-voluntad

Es renunciar a la voluntad de la máquina biológica humana por una voluntad superior para una meta en una cierta dirección y con una cierta intención.

Stopinder

Son los intervalos entre cada una de las notas; son cada una de las líneas del Heptaparaparshinokh.

Subyugar

Es traer al mas complete control o sujeción; conquistar, dominar.

Sueño

Es el Segundo estado de CONSCIENCIA en el que los cuatro CENTROS INFERIORERS funcionan con poca o ninguna consciencia, y sin RECUERDO DE SÍ. También se le llama estado de vigilia o de dormido-despierto. Es el estado en el que existen la mayoría de los seres humanos.

Sufrimiento

Hay cuatro formas de sufrimiento: Sufrimiento Innecesario, Sufrimiento Inevitable, Sufrimiento Voluntario y Sufrimiento Intencional. El primero es el Sufrimiento Innecesario. Este sería el tipo de sufrimiento en el que incurrimos debido a nuestras actitudes irracionales y expectativas acerca de los demás; de nuestra mala voluntad, odio y rechazo de los demás, de la duda, de la posesión, la arrogancia y la auto-conmiseración. En otras palabras, sería el sufrimiento surgiendo de nuestra auto-importancia. El segundo es el Sufrimiento

Inevitable. Este sería el tipo de sufrimiento que surge por accidente o por eventos más allá de nuestro control, tales como conflictos interpersonales, guerra, desastres, enfermedades y muerte. El tercero es el Sufrimiento Voluntario. Este sería el tipo de sufrimiento que experimentamos cuando intentamos lograr alguna meta personal, tales como un atleta quien se disciplina a sí mismo para ganar una carrera, o un estudiante que se esfuerza por obtener buenas calificaciones. Y finalmente tenemos el Sufrimiento Intencional. Este sería el tipo de sufrimiento que experimentamos cuando queremos lograr algo impersonal o una meta altruista; una que está dirigida más hacia el servicio hacia otros, hacia el Trabajo, y no por ninguna ganancia personal.

Tareas

Cada ejercicio sugerido en cada clase y propuesto por una semana como un ejercicio despertador.

Tercer Estado

Un estado de CONSCIENCIA inducido por esfuerzos de RECUERDO-DE-SÍ, en los que un hombre se SEPARA de su personalidad y se observa a sí mismo objetivamente. Se caracteriza por el darse cuenta de uno mismo y una ausencia de IDENTIFICACIÓN e IMAGINACIÓN, pero le falta la habilidad para ser totalmente objetivo acerca del mundo externo.

Trabajo Correcto de los Centros

Es la condición en la que cada CENTRO y cada parte de cada centro responden únicamente al estímulo que les es apropiado; en contraste con el trabajo erróneo de los centros. Por ejemplo en un juego de tenis, el trabajo correcto de los centros sería dejar solo el mando al centro motriz. Si interfiere el intelectual, la bola se queda en la red y eso sería Trabajo incorrecto. Si interfiere el emocional volamos la pelota y también sería trabajo incorrecto.

Trabajo, el

Son todas las ideas y prácticas conducentes al despertar de la conciencia, de la consciencia objetiva, de la imparcialidad y de la razón objetiva.

Trabajo Erróneo de los Centros

Es la condición en la que los CUATRO CENTROS INFERIORES y sus varias partes reaccionan rutinariamente a los estímulos en formas no apropiadas para ellos. Ejemplos incluyen ponerse emocional acerca del balance de una cuenta de cheques, responder lógicamente a la angustia emocional de otra persona y tamborilear con los dedos ó sentirse enfermo cuando se experimentan emociones desagradables.

Transformación

Es la práctica de SEPARARSE del sufrimiento y experimentarlo de tal forma que pueda ser aceptado libremente y sin NEGATIVIDAD. En su expresión más alta, la transformación involucra la actividad de los CENTROS SUPERIORES y conduce a experiencias poderosas de CONSCIENCIA incrementada.

Transformación de Emociones Negativas

Es la práctica de cambiar una EMOCIÓN NEGATIVA en una EMOCIÓN POSITIVA. Empieza con el esfuerzo de SEPARARSE de la emoción negativa al no expresarla o justificarla, y entonces involucra intencionalmente escoger experimentar la causa de la emoción negativa de tal forma que evoque comprensión en lugar de negatividad. Por ejemplo: si uno está reaccionando negativamente a una lluvia tormentosa, uno podría en su lugar ver a la lluvia desde el punto de vista del bien que hace.

Tres Líneas de Trabajo

La Primera línea: El Trabajo en ti mismo, practicando los ejercicios sugeridos conducentes al despertar. La Segunda línea: El Trabajo con otros estudiantes y para otros estudiantes. La Tercera línea: El Trabajo por la Escuela.

Triamazikamno

Es la ley de las tres Fuerzas. Positiva, Negativa y Neutralizante.

Trogoautoegócrata

Yo me como y me sostengo a mi mismo.

Verificar

Es convencerse a uno mismo de la verdad de las ideas del Sistema como un resultado de la experiencia directa y personal. El énfasis está en la idea de que se requiere más que la actividad intelectual.

Vida

Un término derogatorio aplicado a la gente de fuera del "Trabajo". Son las personas que no son miembros activos de las Escuelas del Cuarto Camino, o qué, incluso estando en alguna Escuela, no se recuerdan a sí mismos. También usado como un adjetivo; ejemplo: "Trata de evitar identificarte con los eventos de la vida". También es una abreviación de "vida ordinaria".

Vida Mecánica

Es la vida común de la máquina biológica humana, vivida sin un propósito superior, simplemente existiendo como cualquier animal.

Voluntad Superior

Es la Voluntad Real adquirida cuando los Centros Superiores están funcionando.

Yoes

Son los pensamientos, emociones, movimientos y sensaciones fragmentados y de vida corta que uno experimenta como una expresión de uno mismo en el momento. Decenas de miles de "yoes" desplazan mecánicamente a los otros cada pocos segundos, creando en el hombre la ilusión de un solo "YO" permanente. Todos estos "yoes" son manifestaciones de los cuatro CENTROS INFERIORES.

Yoes de Trabajo

Son los "yoes" que le recuerdan a una persona el hacer esfuerzos para fomentar su Trabajo por despertar.

Made in the USA
San Bernardino, CA
07 May 2013